大国小史
世界历史系列

THE HISTORY OF ANCIENT GREECE

古希腊史

崔毅 著

金城出版社
GOLD WALL PRESS
北京

图书在版编目（CIP）数据

古希腊史 / 崔毅著. —北京：金城出版社有限公司，2024.1
（大国小史. 世界历史系列）
ISBN 978-7-5155-2542-6

Ⅰ. ①古… Ⅱ. ①崔… Ⅲ. ①古希腊－历史 Ⅳ. ①K125

中国国家版本馆CIP数据核字（2023）第228213号

古希腊史

作　　者	崔　毅
策划编辑	谢艳芝
责任编辑	王　璐
责任校对	盛菊艳
责任印制	李仕杰
开　　本	710毫米 × 1000毫米　1/16
印　　张	14
字　　数	180千字
版　　次	2024年1月第1版
印　　次	2024年1月第1次印刷
印　　刷	小森印刷（北京）有限公司
书　　号	ISBN 978-7-5155-2542-6
定　　价	65.00元

出版发行	**金城出版社有限公司**　北京市朝阳区利泽东二路3号 邮编：100102
发 行 部	（010）84252396
编 辑 部	（010）88637126
总 编 室	（010）64228516
网　　址	http://www.jccb.com.cn
电子邮箱	jinchengchuban@163.com
法律顾问	北京植德律师事务所　（电话）18911105819

前言

PREFACE

“言必称希腊”“我们都是希腊人”，生活于现代的西方人为什么对那个久已逝去的古希腊文明如此情有独钟？为什么对那个曾活跃于地中海的最小民族如此神往？这是因为古希腊文明是西方文明的源头，古代希腊人是西方人公认的文化祖先。

现在的希腊共和国位于巴尔干半岛最南端，三面临海，南隔地中海与非洲大陆相望。古希腊的地域除了现在的希腊半岛外，还包括整个爱琴海地区及北面的马其顿、色雷斯、亚平宁半岛和小亚细亚等地，光辉灿烂的古希腊文明就诞生在这片古老的土地上。

经过考古学考证，古希腊文明时间跨度约为公元前 800 年至公元前 146 年，从充满诗情画意的爱琴海海边的克里特和迈锡尼开始，直至亚历山大帝国统治下的希腊化时代，古希腊人在政治、教育、哲学、文学、艺术、科学、宗教、体育、建筑等诸多方面都取得了辉煌的成就，人们在评论古希腊文明时常说：“在世界历史上，从来没有哪一个地方在这么短的时间里涌现出这么多天才，取得了这么多辉煌的成就。”

毫无疑问，古希腊文明是对当今世界影响最为深远的文明之一，这种影响体现在多个方面。古希腊文明首先体现在其政治领域。古希腊形成了一种特有的国家组织形式——城邦。尽管古希腊城邦规模不大，人口也不多，但

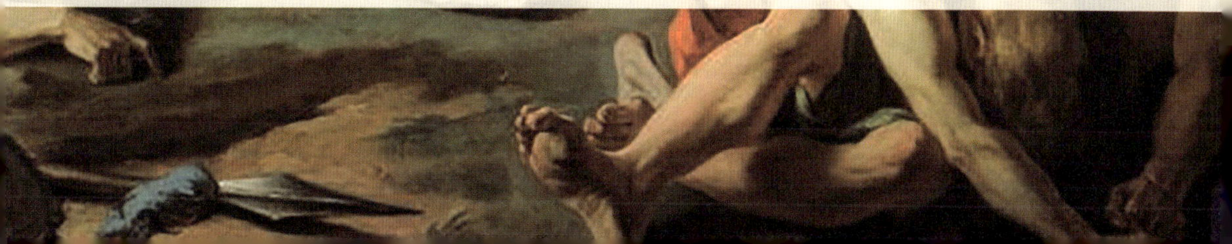

却是完全独立的政治实体。就是这个由大约200个弹丸城邦组成的希腊民族几乎孕育了西方近代文明的一切胚胎。

在哲学方面，古希腊是西方哲学的发祥地，以思辨为核心的古希腊哲学是古希腊人智慧的巅峰，苏格拉底、柏拉图、亚里士多德——“雅典三巨匠”是西方古典哲学的三座高峰。

古希腊的戏剧和我国的戏曲以及古印度的梵剧并称为“世界三大古老戏剧”。古希腊戏剧传达了古希腊人独特的人生感悟，对西方戏剧的发展有重大的影响。

在艺术方面，古希腊更有着骄人的成就，无论是优美质朴的雕塑、逼真写实的绘画，还是庄重典雅的建筑，都可以称为世界艺术领域的瑰宝。马克思曾高度评价古希腊的艺术：就某一方面来说，是一种规范和高不可及的范本。

在自然科学方面，古希腊人在天文学、物理学、生物学、地理学、数学、医学等领域同样有着让人惊叹的成就。

古希腊文明是说不尽的，人类的这一珍贵的文明之花必将散发出永久的芳香。

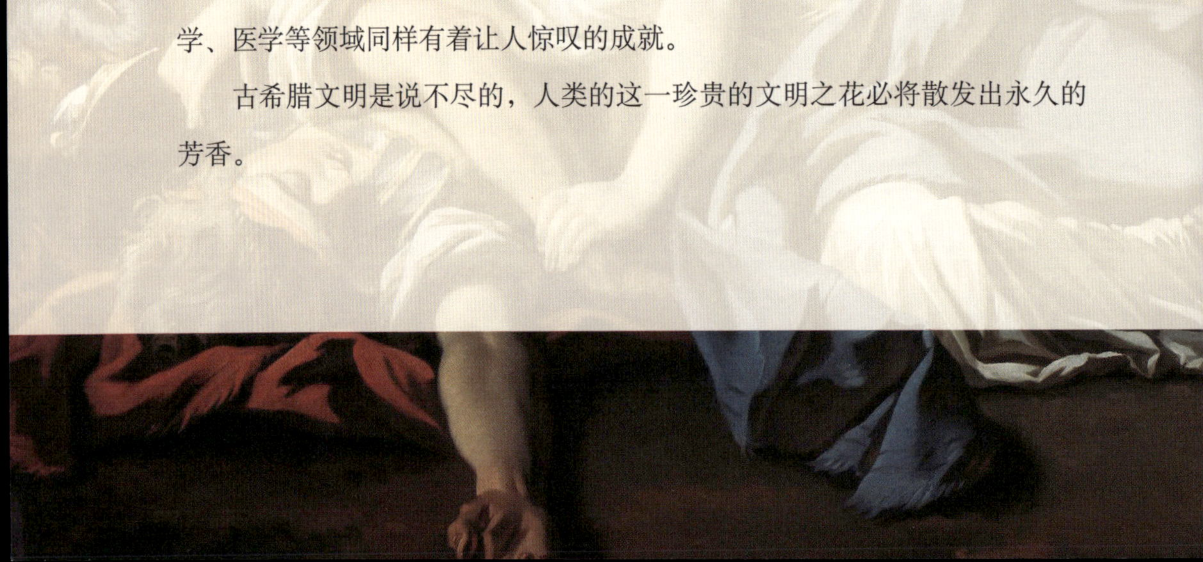

目录

← CONTENTS →

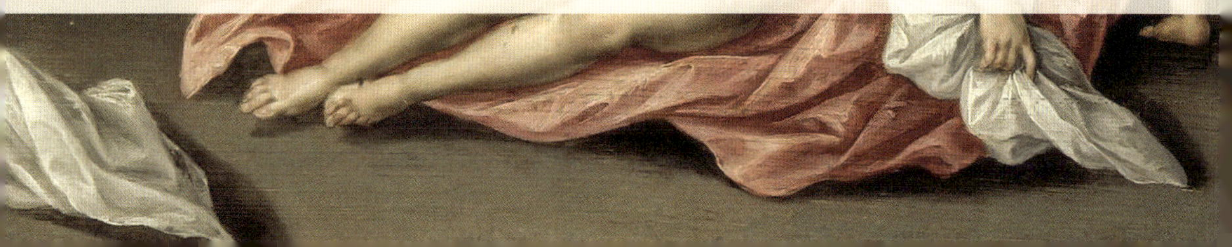

第一章 历史概览

一、古希腊地理环境

古希腊与现代的希腊共和国的领土疆域有很大的不同，现代希腊的国土仅仅包含狭长的希腊半岛，而古希腊的疆域还包括爱琴海（Aegean）的诸多岛屿、色雷斯（Thrace）、小亚细亚（Asia Minor）等。

整个希腊半岛可以一分为二，北部与欧洲大陆的国家紧密连接，包括马其顿（Macedonia）、色萨利（Thessaly）和伊庇鲁斯（Epirus）三个地区，奥林匹斯山（Olympus）也位于古希腊的这个地区；而南部的这一块，百分之九十以上都被海水包围，只在东北方向通过一条很狭窄的科林斯（Corinth）地峡与北部地区相连，这一块地区被称为伯罗奔尼撒半岛。该地区是古希腊几个重要城邦的所在地，包括斯巴达（Sparta）、阿尔戈斯（Argos）和科林斯。地峡南桥头是科林斯地区，地峡北桥头连接大陆的则是阿提卡地区。主要城市包括雅典（Athens）和底比斯（Thebes）。

对于中国人来说，爱琴海是一片充满着浪漫气息的海洋，它位于地中海东北部，介于小亚细亚半岛西部和希腊半岛之间，爱琴海的海岸是一片地

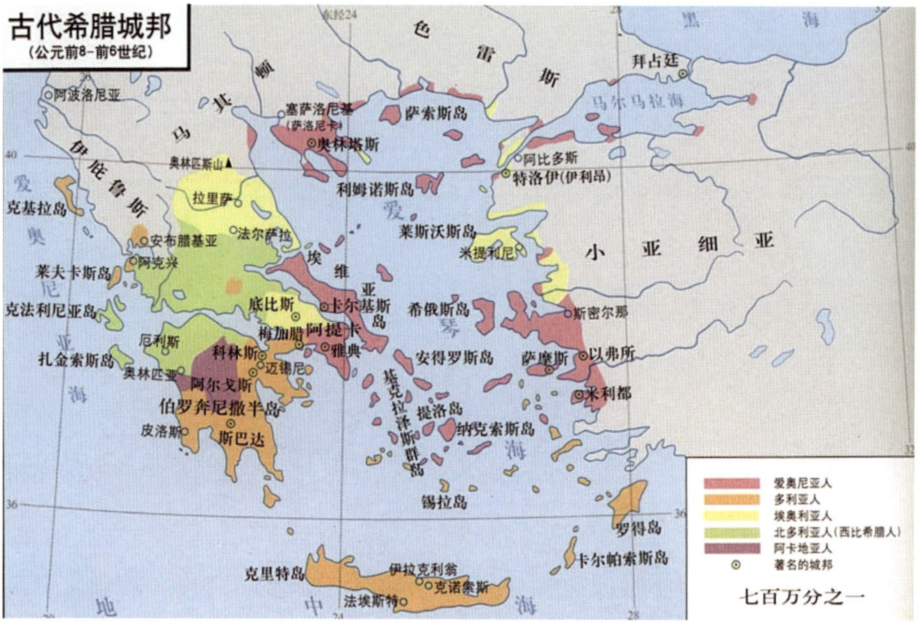

古希腊城邦地图

形秀美的地区。在那晶莹剔透的海水拍打着的长长的海岸线上，有着许许多多橄榄树果园、峻峭的山岩以及被松林拥抱着的广阔而素雅的海滩；牧歌式的渔村散落于各类疗养地和拥有 5000 年历史文化与神话遗产的古代文明之中。爱琴海号称“多岛之海”，海面上散落分布着大大小小 1000 多个岛屿，其中最大的岛屿是南端的克里特岛（Crete），其他重要的岛屿包括希俄斯岛（Chios）、提洛岛（Delos）和罗德岛（Rhodes）。

古希腊的地理位置在城邦的发展中发挥着巨大的作用，山脉、海洋和数百座岛屿等天然屏障，使得古希腊人占领了靠近海岸线的土地，有助于古希腊城邦的形成。总体而言，古希腊的地理分为低地、山脉和海岸线三种地理形态。这些地理形态中的每一个都提供了文明繁荣所需的东西，山地供应淡水，海里有鱼吃，低地可以耕作。

希腊的山脉占陆地面积大约 80%，希腊的主要山脉是品都斯山脉。这条山脉从北向南流经希腊半岛的大部分地区。山脉为古希腊城邦的发展提供了两个重要因素。首先是淡水，淡水以溪流的形式从山上流下来，城邦开始在这些淡水源旁边的地区萌芽。在古希腊，河流和小溪不能用于运输，因为淡水系统在夏天干涸，在冬天膨胀。淡水系统还可以供牛羊饮用，沿岸成千上万的灌木可供它们食用。

山脉为城邦发展提供的第二个因素是天然的防御屏障。古希腊出现众多城邦，很大程度是由于山区地形让道路建设困难，相互联系不便利。由于没有普遍的道路系统，城邦在山区地形的影响下被孤立了。古希腊的山脉在宗教和神话传说中发挥了重要作用，奥林匹亚诸神居住在希腊海拔最高点——奥林匹斯山的山顶上。为了供奉众神，古希腊城邦在雅典卫城等山顶上建造了寺庙和宫殿。

希腊半岛被爱琴海包围，海岸线上点缀着数百个岛屿。沿海岸线还有许多较小的半岛，它们是理想的天然港湾，数百个城邦严重依赖海洋运输。古希腊人学会了在沿海航道航行，以便进行货物贸易或与邻近的城邦作战。古希腊人也需要吃饭，海岸沿线有一小块耕地，但对于不断增长的人口来说并不多，而沿海水道为古希腊人提供了大量的鱼类和水禽食物。在希腊古典时期，希腊本土和爱琴海诸岛都各自建立起数以百计的城邦，虽始终未能统一，但在民族、语言、文化、习俗等方面却比较一致。以分散独立而未能形成统一国家的希腊城邦却能取得光辉灿烂的文明成就，这是古希腊文明区别于古代东方文明的重要特征。而这又在一定程度上与爱琴海岛屿众多、希腊本土被群山分割成无数小块区域的地理环境有关。

青铜时代以后，爱琴海成了古希腊与古代东方文明建立联系的主要通道。他们东航经叙利亚而接触古巴比伦文明；从克里特岛往南往东，也很容易抵达古埃及。这两大文明发源地和其他东方文明民族促使爱琴文明和尔后的希腊文明得以丰富和发展，使他们能在自己的文化创造上取得卓越的成就。

古希腊的低地包含大约 20% 的可耕地。农民种植了许多作物，如橄榄、葡萄、小麦和大麦。由于气候限制，农作物种类有限。古希腊的夏季炎热干燥，冬天多风、温和、潮湿。古希腊人与地中海、爱琴海和爱奥尼亚海周围的各个地区进行商品贸易。古希腊缺乏可耕地也导致了古希腊文化的扩展传播。为了控制谷物和食品的贸易，古希腊人在亚洲和北非建立了殖民地。为了支持贸易和向各个城邦供应食物，古希腊人在地中海地区建立了几个定居点，在位于现代的西班牙、北非、法国和土耳其等地都有其殖民地。随着古希腊的殖民地越来越多，古希腊文化在这些地区迅速传播。

二、米诺斯文明

早在旧石器时代，希腊半岛就有人类居住，这一点可从在北希腊发现的早期人类的头骨得以证实。到新石器时代，经常有西亚的农业部落进入爱琴海地区，他们同海上部落一样，都不说古希腊语。古希腊作家称他们为卡里亚人、勒勒吉人和皮拉斯基人，他们很可能就是米诺斯文明的创造者。公元前 2500 年后，一批属于印欧语系的操古希腊语的人从多瑙河流域来到马其顿等地，其中一部分在公元前 2000 年初分三批进入希腊半岛，与当地居民混合而成为希腊人。

爱琴文化分布于爱琴海地区，属于青铜时代的文化。该文化的中心起初在地中海上的克里特岛，后来转移到南希腊的迈锡尼。一直到 19 世纪 70 年代，人们都不知道在古典的希腊文化之前有过一段光辉灿烂的爱琴文化。

19 世纪 70 年代，通过划时代的考古发掘，人们才认识到了古希腊史前文明的存在。对此贡献最大的有两个人，一个是德国考古学家谢里曼（Heinrich Schliemann，1822—1890），另一个是英国考古学家伊文思（Arthur

Evans，1851—1941）。

谢里曼是一个传奇式的考古学家，他自幼家庭贫困，童年在不幸中度过。在他 7 岁的时候，哥哥送给他一本儿童故事书《图解世界史》，里面讲述了关于特洛伊（Troy）战争的故事，他为之着迷，并立下志向自学古希腊语，后来他通过做石油生意成为一名富商。商海的风雨并没有泯灭他儿时的梦想。1868 年，他来到梦想的地方，寻找他梦中的特洛伊城。在得到当时统治希腊的奥斯曼土耳其政府的允许之后，他按照《荷马史诗》的记载挖掘出了大量的金银器皿和黄金首饰。1873 年，他在土耳其的小亚细亚半岛西部爱琴海边挖掘出了特洛伊古城的遗址。1876 年开始，他又在希腊半岛先后挖掘出了迈锡尼时代的一些城市遗址和坟墓以及许多金银器皿和武器。

1900—1905 年，英国考古学家伊文思继续谢里曼的考古挖掘工作，他在克里特岛上挖掘出了克诺索斯城的王宫及大量文物。伊文思的考古发现震惊了西方学术界，此后，法国、德国、意大利等国的考古学家们又进一步挖掘研究，大量的材料证明了希腊神话和《荷马史诗》中所记载的米诺斯文明和迈锡尼文明是确实存在过的。

公元前 2000 年左右，希腊乃至全欧洲最早的文明在克里特岛产生，称为克里特文明或米诺斯文明。“米诺斯”这个名字源于古希腊神话中的克里特国王米诺斯，在古希腊时代，米诺斯王是传说人物，直至近代，学术界普遍认为有关米诺斯王的事迹纯属虚构。

克里特岛位于希腊半岛的东南部，面积 8000 多平方公里，东西长，南北窄，好像一块门板把爱琴海南部封闭住。从地理位置上，克里特岛具有得天独厚的优势：往西北航行 100 多公里就是伯罗奔尼撒半岛，往北 100 多公里是爱琴海的基克拉泽斯群岛，往东北 100 多公里就能到达小亚细亚西南，而西面、南面和东面则是辽阔的地中海。换句话说，克里特岛位于希腊出航的咽喉之地，这就便于与四面八方进行商贸交易，也能较为便捷地获得从两河流域、古埃及地区引入的先进技术和资源。

米诺斯人在克里特岛上建立的庞大文明，从公元前 2600 年到公元前 1400 年左右蓬勃发展。米诺斯人建立了一个以橄榄和葡萄为基础的大型农业系统，他们用这些商品来交易青铜和象牙，他们在强大的海军和整个地中海的贸易基础上建立了强大而持久的文明。

海外商业的发达和海上势力的强大使米诺斯王朝建立了海上霸权。学者们普遍认为，米诺斯王朝是世界上第一个建立海军的王朝，这支海军强大无比，所向披靡，被日后的希腊人传为美谈。米诺斯王朝海上霸权的意义就在于它控制了地中海东部的海上贸易网，其势力范围形成了一个以克里特岛为中心，东临罗德岛，西接伯罗奔尼撒半岛的环形圈。

米诺斯文明的文字是一种线形文字，刻在印章、泥板上。迈锡尼人借用米诺斯人的线形文字来拼写迈锡尼人的语言，所以把米诺斯的线形文字称为线形文字 A，而把迈锡尼的线形文字称为线形文字 B。由于线形文字 A 留存数量较少，同时似乎与印欧文字不属于同一种类型，至今没有被释读出来；而线形文字 B 已在 1952 年被英国学者文特里斯释读出来。

米诺斯文明的中心是克诺索斯城（Knossos），鼎盛时期人口超过十万人。

线形文字 A（左）和线形文字 B（右）

克诺索斯城中有一座巨大的宫殿，即克诺索斯王宫，宫殿很大，有 1500 个以上房间，每个房间都有独立的浴室，宫殿内发现了许多精美的艺术品和陶器。遗址中不仅有国王的宝殿、接待室、卧室，还有众多的仓库和占整个王宫半数以上的手工作坊。更为奇特的是王宫中复杂的取水和排水系统，直到近代以前可能都是最为先进的。王宫的墙上、出土的器皿上有各种各样描绘自然景物和日常生活的绘画。

克诺索斯不仅是米诺斯王朝的政治、宗教和文化中心，而且也是经济中心，因为王宫内有很多仓库作坊和收藏经济档案的保管室和征收税款的办事机构。事实上，目前已知有关米诺斯文明的考古资料，有一半以上都来自这座王宫。

根据希腊神话，这座城市曾经由米诺斯国王统治。在神话中，米诺斯国王在宫殿下建造了一个巨大的迷宫，一个叫弥诺陶洛斯（Minotaur）的牛头人身怪物住在那里。

克里特岛不仅文化繁荣，而且商业也十分发达，独特的地理环境使其成

克诺索斯王宫遗址

为当时地中海沿岸的贸易中心。米诺斯人在当时的地中海上拥有相当的霸权。克里特的壁画、印章上常常出现海神使用的武器——三叉戟的图案，这也是米诺斯文明当时拥有海上霸权的标志。从留存的壁画上的人物形象来看，这些人具有非洲人种和东方人种的特点，头发黑色卷曲，腰身纤细。

大约在公元前1450年，米诺斯文明神秘地衰落下去，原因不明。一般认为可能是由于受到来自大陆的希腊人的入侵；也有人认为是由于克里特北部的锡拉火山喷发，掀起海啸，火山灰覆盖了克里特岛。但从此米诺斯文明从克里特岛开始向外传播到爱琴海的诸多小岛、希腊沿海地区和小亚细亚沿岸，爱琴文明的中心也由此转移到希腊半岛本土的迈锡尼地区了。

克诺索斯王宫的南门壁画

三、强大的迈锡尼

在公元前 1600 年前后，希腊部落中的阿卡亚人自巴尔干半岛北部南下，进入中部和南部希腊，征服了当地土著居民，创建了以迈锡尼城邦为代表的迈锡尼文明。学术界一般把希腊历史上从大约公元前 1600 年到公元前 1100 年这段时期称为迈锡尼文明时期。

迈锡尼文明的范围包括希腊半岛的南部和中部以及克里特岛和爱琴海上的一些其他岛屿。迈锡尼文明时期，希腊半岛上出现了许多奴隶制城邦，主要有迈锡尼、雅典、底比斯等。迈锡尼人曾经受到米诺斯文明的影响，但后来迈锡尼人的军事力量逐渐超过了米诺斯人。他们在公元前 1450 年左右渡海占领了克里特岛和克诺索斯城。他们有时会被称为第一批希腊人，因为他们是最初说古希腊语的人。

迈锡尼人是一个凶猛的民族，他们使用石器发动了许多战争。迈锡尼国王与米诺斯国王大不相同，他们没有把财富分享给国民，而是用于军事战争、庆祝胜利或祭奠死亡战士的大型仪式。

根据古希腊的传说，迈锡尼诸王国曾经联合远征位于小亚细亚的特洛伊，古希腊最早的史诗都是围绕这场战争展开叙事，其中两部得以流传至今——《伊利亚特》和《奥德赛》，即著名的《荷马史诗》。《荷马史诗》中攻打特洛伊城的主帅阿伽门农（Agamemnon），就是阿卡亚人占据下的迈锡尼人的首领。阿伽门农和他的战友们贵族的排场，恰好反映出迈锡尼文明繁盛时期的情景。但学者们普遍认为，成型于公元前 8 世纪到公元前 7 世纪的《荷马史诗》并不能反映 400 年之前的迈锡尼文明的历史面貌，因此无法作为史料使用。

迈锡尼人最大的城市被称为迈锡尼城，其鼎盛时期人口约 3 万人。迈锡

迈锡尼古城遗址

尼城邦内部组织严密，国王是最高的统治者，总揽大权，以下是将军、侍从和各级官吏。当时的社会基本组织单位是公社，其首领为长老，负责征收税收、征集徭役等事务。迈锡尼人在整个地中海发展了贸易。他们建造了大型贸易船只并前往古埃及等地，在那里，他们用橄榄油和葡萄酒等商品换取金属和象牙。

迈锡尼诸王国曾经建造了许多坚固的城堡，这些城堡一般建在山坡顶上，用巨石砌成城墙。建造这些城墙的巨石一般有 3 米长、1 米宽，由于石块非常巨大，后人认为这些城墙是神话传说中的独眼巨人建造的，称之为"独眼巨人墙"。迈锡尼文明遗址中还发掘出大批文物和金银器具，这在一定程度上印证了迈锡尼"黄金遍地"的说法。

在充分吸收米诺斯文明的同时，迈锡尼文明也形成了一些自己的特点，如坚固的城堡、强大的陆军、突出的尚武精神、喜欢用马拉战车等。作为爱琴文明的一个重要组成部分，迈锡尼文明生机勃勃、蒸蒸日上，其金属冶炼、金银手工业品、陶器制造很快达到有的甚至超过了米诺斯文明的水平，其生产的陶器远销到古埃及、腓尼基、塞浦路斯和特洛伊一带。

迈锡尼女性壁画

迈锡尼文明在公元前1250年左右开始崩溃，当时他们的许多城市被烧毁。在此之后，他们继续衰落，不再是希腊地区的主要力量，考古学家不确定是什么原因导致了迈锡尼文明的衰亡。约公元前12世纪至公元前11世纪，居住在北方的多利安人大举南下，占领了迈锡尼文明所处的地域。

迈锡尼文明灭亡后，希腊进入了黑暗时代。黑暗时代是整个希腊地区衰落、饥荒和人口减少的时期。这一时期从公元前1100年左右持续到公元前800年。因为与欧洲历史上的中世纪相类似，所以人们常把这一时期称作“希腊的中世纪”。由于反映这一时期的资料只有一部《荷马史诗》，因此这一时期也被称作“荷马时代”。

四、小国寡民的古希腊城邦

历史学家经常将古希腊的历史分为三个时期。

古代时期——这一时期从公元前800年古希腊文明的开始到公元前508年民主体制的引入。这一时期包括古代奥运会和荷马写作的《奥德赛》和《伊利亚特》作品所处年代。古代时期最明显的特征是古希腊政权的开端以及雅典和斯巴达等城邦的建立。在古代时期，古希腊人开始从事戏剧和哲学等艺术创作。

古典时期——这是我们许多人想到古希腊时最能联想到的时期。雅典建立了完善的民主制度，出现了像苏格拉底（Socrates）和柏拉图（Plato）这样的伟大哲学家。此外，斯巴达和雅典之间的战争也在此期间进行。这一时期随着亚历山大大帝（Alexander the Great）的崛起而告终。

希腊化时期——希腊化时期从亚历山大大帝去世一直持续到公元前 31 年罗马在亚克兴（Actium）战役中击败埃及。“Hellenistic”这个词来源于古希腊语“Hellas”。在此期间，古希腊逐渐走向衰落，直到被罗马人占领。

从公元前 8 世纪开始，随着时间的推移，希腊半岛的人口有所增长，农业技术也得到改进，农业生产的进步使得人口的迁移变得不那么频繁，这使得在希腊半岛上定居的居民逐渐突破原来以血缘关系结成的氏族部落的限制，建立起以居住的地域为基础的社会组织，即古希腊人称之为“波里斯”（polis）的社会组织，它是古希腊城邦的雏形。

“波里斯”由城镇或者城市及其周围的乡村组成。在它的范围内，军事行动由执政官负责，其目的仅仅是代表“波里斯”保卫国防和抵御外敌。宗教仪式也同样由“波里斯”的代表主持，并以全体公民的名义举行。随着部落的衰败和“波里斯”的强大，人们逐渐完全忠诚于自己所居住的城邦。“波里斯”所代表的共同利益也的确要求公民牺牲自己的时间、金钱甚至生命。

在此期间，古希腊诸城邦开始了大规模向海外移民的行动，早期的移民多半是为了寻觅新的适合耕种的土地，后期的移民则和海外的商业发展有关。起初是为了建立与航运相联系的商站，后来这些商业据点也就逐渐发展为新的城邦。移民的范围已经远远超出爱琴海的范围，东北到黑海沿岸，西到意大利半岛、西西里岛、西班牙的东南岸，南到尼罗河口、利比亚。

公元前 8 世纪到公元前 6 世纪，希腊境内先后出现了 200 多个城邦，在北希腊、中希腊西部、南希腊北部、小亚细亚西岸北部，爱奥尼亚人建立了许多城邦，其中主要有底比斯、德尔斐（Delphi）等。在中希腊东部的阿提卡半岛、埃维亚岛、爱琴海中部诸岛和小亚细亚西岸中部地区，爱奥尼亚人也建立了许多城邦，最著名的有米利都、以弗所和雅典。在南希腊东部和南部、科林斯地峡、克里特岛和小亚细亚西岸南部，多利亚人建立了斯巴达、科林斯、阿尔戈斯、麦加拉等城邦。

古希腊的城邦有很多共同点。例如，每个城邦都信奉相似的神，使用相同的语言，文化也很相似。每个城邦都宣称自己拥有最好的一切，比如运动员、艺术作品和剧院。各城邦间互相交易货物，还创造了不同的货币，迫使贸易商在每个城邦都要使用特定的货币。

古希腊城邦最大的特点是小国寡民，每个城邦国家的面积很小，往往只有 3000~5000 平方公里，人口也不过数万人。这些城邦一般都以一个城市或城堡为中心，联合周围的一些村落。作为城邦统治中心的城市通常建筑在小山之上以便于防守，或者建在海滨以利于通航，与其他城邦之间往往以山河海洋为天然边界。其中，最重要的两个城邦就是雅典和斯巴达。雅典的面积约 2556 平方公里，人口最多时约 40 万人。斯巴达面积约 8400 平方公里，人口总计约 40 万。古希腊更多的是小邦，埃维亚岛面积约 3770 平方公里，却分布着 6 个城邦，每邦人口不过几万。此外，古希腊还有几千人的弹丸小邦。

古希腊城邦由各种形式的政府控制。城邦有几种不同的统治方式。在一些城邦实行君主制，通过一位强大的国王来控制。有些城邦依靠由富有或有权势的人组成的寡头委员会来统治。有些城邦使用诸如斯巴达之类的组合，它由两个国王和一个贵族组成寡头委员会来实行统治。雅典城邦则发展了一种称为民主的政府形式，即由公民统治城邦。

五、海外殖民运动

在城邦形成过程中，古希腊人进行了大规模的海外殖民运动，殖民的范围扩展到地中海大部分地区和全部黑海，远远超过了以前的部落迁徙，因此在历史上称为“大殖民”。古希腊人的殖民范围很广，西至西西里岛、高卢、西班牙、法国和意大利南部，南临非洲北岸，东及东北达小亚细亚、色雷斯及黑海沿岸。

古希腊城邦的殖民者到达目的地后，会立即赶走或奴役当地土著居民，分配土地，推行奴隶制生产方式，建立起新的城邦。这类城邦一般实行母邦的政治制度，但在政治上不依附母邦，而是独立的。

“大殖民”是古希腊的社会经济、政治条件所促成的。由于多利亚人南侵，不少人逃难来到阿提卡半岛，使雅典人口比以往更多了。但由于阿提卡的面积太小，不能容纳这么多公民，以至于最终不得不派遣移民到爱奥尼亚去。古希腊历史学家希罗多德（Herodotus）曾记载道：铁拉岛 7 年无雨，干旱严重，于是决定用抽签的办法从两个兄弟中派出一人到利比亚的昔兰尼去殖民。

古希腊城邦内部激烈的阶级分化和阶级斗争是海外殖民的另一重要原因。在土地兼并中失去土地的农民，被迫离开故土，去海外寻找新的土地；政治斗争失败的政治集团，也往往被迫去海外定居。相传公元前 8 世纪末，斯巴达的“处女之子”由于没有公民权不能分得土地，遂密谋联络希洛人起义，事泄后被送往意大利南部的塔林敦殖民。此外，富有进取心的手工业者和商人，为了寻找商品销售市场，取得工业原料、粮食和奴隶，也到海外建立新的居民点。公元前 8 世纪以后，古希腊人在爱琴海上的航行地位超越了腓尼基人，他们在黑海沿岸建立了星罗棋布的殖民地。通过这些殖民地，他们为古希腊人提供希腊本土所缺乏的食物和原材料；另一方面，将希腊的手工业品，特别是陶器、橄榄油、葡萄酒、珠宝等工艺品运输到这里，与其附近的土著居民进行交易。

六、雅典的兴起

雅典（Athens）是古代文明世界最伟大的城市之一，它是古希腊的艺术、科学和哲学的中心，城市的象征是一只猫头鹰和橄榄枝。雅典也是世界上最古老的城市之一，其有记载的历史可以追溯到3400多年前，它是民主的发源地，也是古希腊文明的心脏。

雅典城大约建于公元前8世纪，它坐落于希腊东南的阿提卡半岛。阿提卡半岛面积约4100多平方公里，大部分区域是山地，仅有3个小平原，土壤贫瘠。在古代生产力低下的情况下，农产品产量很少。雅典城位于阿提卡半岛中央，最初只是一个渔村，但是由于地处地中海北岸的中心位置，所以它很快便成为北地中海的商业中心并迅速繁荣起来。雅典以希腊神话中著名女神雅典娜（Athena）命名，她是智慧、战争和文明的女神，也是雅典城的守护神。阿格拉广场（Agora）是雅典城的商业和行政中心，它有一个被建筑物包围的大型会议开放区域，许多建筑都是神殿，包括为宙斯（Zeus）、赫菲斯托斯（Hephaestus）和阿波罗（Apollo）建造的神殿。其中一些建筑物是政府大楼，例如制造硬币的铸币厂，以及雅典10位军事领导人议事或者办公的驻地的雅典十将军会议厅（Strategeion）。阿格拉广场是人们聚会和讨论哲学和公共议题的地方，这里是古希腊民主最早出现的地方。

雅典最重要的区域之一是卫城（Acropolis），卫城位于雅典市中心的一座小山上，最初是用石墙建造的，用作堡垒或城堡，当城市受到攻击时，人们可以撤退到这里。后来，卫城建造了许多寺庙和建筑物，以俯瞰雅典城市。

雅典卫城的中心是帕特农神庙（Parthenon Temple）。帕特农神庙坐落在卫城的一座小山顶上，这座建筑是献给女神雅典娜的，也被用来存放黄金。雅典最大的剧院是以酒神狄俄尼索斯（Dionysus）命名的，位于卫城

帕特农神庙遗址

狄俄尼索斯剧院遗址

的斜坡上，是举办戏剧和节日庆祝的场所，这里经常举行剧作家比赛，看谁写的剧本最好，比赛多达 1.5 万人参加。该剧院设计得非常好，剧场内所有人都能看到和听到剧目演出，场地的每个座位都提供完美的音响效果和视觉体验。

雅典的居民由公民、奴隶和外邦人组成。最初，雅典公民权利只给予父亲是雅典公民的自由男性。后来在伯里克利（Pericles）统治下，这种情况发生了变化，只有父母双方都是雅典公民的自由男性才可享受公民权利。

在雅典，男性公民比女性公民拥有更多的权利。例如，每个人都有权出庭受审，但只有男性公民才能投票、拥有产业和土地。奴隶约占当时雅典人口的 25%，在公元前 5 世纪，雅典的奴隶至少有 5 万人。奴隶主要是在与邻近城邦的战争期间被俘的人，他们在雅典从事各种工作，从烤面包到织布，甚至有时他们还担任警察。外邦人有人身自由，但没有公民权，也不能拥有土地、房屋，他们构成城邦人口的很大一部分，在公元前 5 世纪，雅典的外邦人大约有 3 万人。

七、民主制度的摇篮

雅典的权力机构中最重要的有公民大会、五百人会议和陪审法庭。公民大会是雅典的最高权力机关，全体 20 岁以上的男性公民都可参加。公民大会每年召开 40 次，听取一切官员的报告、辩论和通过各种提案，选举城邦官员，制定法律，决定城邦大政方针，遇到特殊情况时，还可召开非常大会。

在公民大会上，与会者可以自由发言，讨论议案，每个人都可对现行的政策措施进行评议，提出意见，表决一般采用公开举手的方法，以多数票通过。在选举公职人员时，除了选举十将军时，通常采取秘密投票方式。

雅典人就是用这种方法选举高级官吏，讨论和决定一切国家大事，制定法律，决定宣战、媾和、缔约、建交等重大外交问题。

五百人会议实际上是雅典的政府，它是从雅典10个区中年满30岁的男性公民中抽签选出，共计50人组成，任期1年。五百人会议的常设机构是五十人团，由五百人会议成员分组轮流担任，每组的任期是1个月，由抽签选出一个执政官作为城邦的最高首脑，负责保管档案库、国库和国玺所在地神庙的钥匙。

陪审法庭是雅典的最高司法机关，它由10名法官和全体公民抽签选出的6000名陪审团组成，每年选举一次，每个公民都要轮流参加陪审法庭，除凶杀案和少数重大的案件由公民大会审判外，其他的案件都是由陪审法庭裁定。陪审法庭还有一定的立法权和行政权，有权审查、监督官吏，裁决五百人会议或公民大会的决议、法案是否违背法律等。

为了保障所有公民都有可能参与政治事务，雅典还实行有报酬的公职制度，给参加公民大会的成员、五百人会议成员和陪审员发放津贴，对不参加政治活动的公民处以罚款。

在雅典的政体中，贵族占有优越的政治地位。他们组成贵族院，掌有刑审、监察和决定国家大事的权力。传统的所谓王权，在这时已经绝迹。代替“王”的地位的，是由贵族推荐并从贵族中选出的执政官。起初，执政官是终身制，后来规定任期十年，最后变为一年一任。执政官最初只有3人，到了公元前6世纪中叶，便增加到9人，分别担任宗教、军事和司法等方面的职务。到了伯里克利时期，执政官的权力被转移到十将军委员会中。

十将军委员会是雅典的最高军事指挥机构，由雅典10个区各选出1名将军组成。十将军委员会的职权随着雅典对外关系的发展而扩大，到公元前5世纪后期，将军不仅仅统领陆军、海军，而且参与外交谈判，掌管雅典的财政收支。十将军可以连任，其中首席将军的权力最大，宏观的国防、外交事务都由首席将军负责。

这时雅典的真正权力机关是贵族院。贵族院由历届卸任的执政官组成，其成员都是终身任职。贵族院权力很大，官吏由它选拔，政事由它处理，法律由它制定和维护，国家大事由它决定。贵族院不仅可以左右执政官，而且也为公民大会安排议程，在实际上控制了公民大会。所以，九位执政官加上贵族院就是雅典的政府。

自古以来，国家官吏的产生主要有三种办法：世袭、上级任命和投票选举。雅典的官吏，只有军官和司库官由投票选举，因为军官需要将才，司库官需要一定家产，以备出事后退赔。其他官吏，上至执政官，下至最底层的官吏，都在年满 30 岁的公民中抽签选举产生。同时，雅典法律还规定，各级行政官吏，任期都是一年，不得连选连任。

在古代雅典，官吏从当选到卸任，总共不过一年多的时间。就是在这一年多的时间内，官吏也不敢为所欲为。他们要面临几个“关卡”，接受公民的严格监督。

第一关，是资格审查。官吏上任之前，都必须接受资格审查。以执政官为例，他的资格，先由五百人会议审查，发现问题就提交法庭裁决，以决定其任职与否。

第二关，是信任投票。在每一个主席团任期内，公民大会都要对执政官和将军举行一次信任投票（即一年十次），看其是否称职。如果多数公民对某一官吏投不信任票，该官吏就得去法庭受审。如发现问题，法庭就对他处以刑罚或罚金，没有问题，则官复原职。

第三关，是卸任检查。每个官吏任职期满以后，都要由专人对其在职期间的活动和账目进行审查。审查人叫查账员，共十名，每个部落一名，由抽签产生，任职一年。此外还有十名助理员，也由各个部落抽签产生。他们如果发现官吏贪污或受贿，就送交法庭裁决。如果法庭判决他有罪，就课以贪污或受贿款额的十倍罚金。

关于雅典民主制的特点，总的来说，除奴隶外，就是全体公民直接管理国家。每个公民可以通过抽签，担任一定官职；可以通过公民大会、陪审法庭等机构，参与管理国家大事。从这里可以看出，在雅典，解决任何国家大事，不是靠皇帝、国王，也不是靠执政官和将军，而是靠公民自己。

八、梭伦改革

在公元前 7 世纪至公元前 6 世纪，雅典城邦的阶级矛盾十分尖锐，贫民如果无法还清贵族的债务，贵族就在借债者的土地上竖起债务碑石，借债者就会沦为"六一农"（他们为贵族做工，收成的 5/6 给贵族，自己只有 1/6）。如果收成不够缴纳利息，贵族便有权在一年后把借债者及其妻子、子女变卖为奴。在此背景下，雅典陷入严重的社会危机之中。基于此等形势，作为雅典民主制度奠基者的梭伦（Solon）进行了划时代的改革。

梭伦（约公元前 640—前 558 年）是古希腊著名的政治家和诗人。他出身于贵族家庭，年轻时一边经商，一边游历，到过许多地方，漫游名胜古迹，考察社会风情，被后人誉为古希腊"七贤"之一。

梭伦雕像

公元前 594 年，梭伦当选为雅典的首席执政官。上任后，他马上进行了一系列取消贵族特权的改革。改革的第一项重要措施就是发布"解负令"，规定"公民间所有的债务必须豁免，以后不允许任何人在放债时以债务人的人身作抵押"。

梭伦还用国库的钱把由于负债而被卖到境外为奴的雅典人赎了回来。古希腊哲学家亚里士多德（Aristotle）在其著作《雅典政制》中记载了梭伦的承诺 ：“我使许多卖身为奴的人回到自己的神所创立的城邦（指雅典）。那些负苦无告，流落异邦，久客异地而几至忘记了祖国语言的人们，我也招回来了。那些身为奴隶，蒙耻受辱，在主人面前发抖的人们，我也解放了。而这一些，我是依照法律在执行的 ：我使真理与权力结合。我有诺必践。”

他还立法按财产的多少将全体公民划分为四个等级，不同等级的公民享有不同的政治权利。谁的财产多，谁的等级就高，谁就享有较高的政治权利。第一、二等公民可担任包括执政官在内的最高官职，第三等公民只能担任低级官职，第四等公民不能担任任何官职。第一、二等公民组成骑兵，第三等公民组成重装步兵，第四等公民组成轻装步兵。后来雅典海军主要由第四等级公民组成。这样，新兴的工商业者可凭借自己的私有财产，跻身于城邦政权之中。这就打破了贵族依据世袭特权垄断官职的局面，为非贵族出身的奴隶主开辟了取得政治权力的途径。

梭伦还下令恢复公民大会，使它成为最高权力机关，决定城邦大事，选举执政官。一切公民，不论贫富，都有权参加公民大会。他还设立了新的政府机关——四百人会议，作为公民大会的常设机构，由雅典 4 个部落各选 100 人组成，除第四等公民外，其他各级公民都可当选。此外，还设立了陪审法庭作为雅典的最高司法机关，每个公民都可被选为陪审员，参与案件的审理。梭伦推行的改革措施卓有成效，为雅典民主制度的确立奠定了基础。

原来贵族会议操纵一切司法事务，哪类问题该判刑，哪类不该判刑，哪个官员该判刑，哪个官员不该判刑，全由它决定。这样，它就可以通过判案，左右国家政治局势，引导国家政治方向。现在由于设立了陪审法庭，很多案件已不再由贵族会议审理，贵族对雅典政治的影响力便受到很大限制。

这次改革也给了底层劳动群众一定的政治权利。梭伦通过“解负令”不仅免除了他们的债务负担，而且恢复了他们的公民身份。梭伦虽然没有准许

《梭伦改革》（油画）

他们担任大小官职，但也给了他们两种权利，即参加公民大会和充当陪审员。当时，这两个机构的权力似乎都不大。以后，随着这两个机构权力的增加，底层公民的政治地位也不断提高。

梭伦在其诗作中表达了其力图缓解雅典阶层矛盾的意愿：

我所给予平民的适可而止，
他们的荣誉不减损，也不加多；
即使是那些有势有财之人也一样，
我拿着一只大盾，保护两方，
不让任何一方不公正地占据优势。

另外，梭伦还采取了一系列有利于发展工商业经济、保护新兴工商业奴隶主利益的政策措施，如改革币制；提倡每个雅典人学会一种手工艺技术；欢迎外邦手工艺人移居雅典；鼓励葡萄酒和橄榄油输出，禁止谷物外销；承认财产私有权和遗赠权。

在梭伦改革措施公布之前，他的一位外邦朋友曾经说过这样一段话："这种法律好像蜘蛛网，只能缠住那些落在网里的弱者。但是遇上富人和权贵，就会被扯得粉碎。"作为一般常识，这位朋友的说法不是没有道理的。但是他没有看清，梭伦的改革不是凭空臆想，而是顺应了强大的工商业者和广大民众的共同要求。在愤愤不平的群众面前，贵族不敢冒天下之大不韪，只好被迫接受了梭伦改革后的法典。贵族院乖乖地批准了它，执政官甚至分别举行宣誓：如果他违背了这个法典，就要在德尔斐神庙献上一座黄金人身像。

九、克利斯提尼改革

梭伦改革以后，虽然雅典贵族的特权受到很大限制，但平民与氏族贵族的斗争依然十分激烈，以血缘关系为基础的氏族和部落组织的政治结构已经不能适应雅典进一步发展的需要。公元前509年，执政官克利斯提尼（Cleisthenes）在平民的支持下对雅典的政治制度进行了进一步的改革。

克利斯提尼雕像

克利斯提尼（约公元前570—？）是古希腊著名的政治改革家，他在家族的支持和斯巴达人的帮助下推翻了庇西特拉图之子希庇亚斯对雅典的统治，后成为执政官，并通过改革的方案赢得了大众的支持。改革最重要的内容是打破了传统的部落制度，以10个地区部落代替原先的4个血缘部落作为选区单位，这就有力杜绝了贵族利用部落血缘关系操纵选举活动的弊端。每个地区部落包括 3 个“三一区”。这 3 个“三一区”在地理上不相联属，一块在雅典城及其近郊；一块在海岸地带；还有一块在山区地带。“三一区”之下设有村社，每一个“三一区”辖三四个村社，全国共有村社一百多个。这种村社是雅典的最小行政单位，兼有经济、军事等各种职能，是一个自治体。村长由村民选举产生，其职权是负责登记公民、招募军队以及筹划选举陪审员和国家官吏事宜。

其次是改革四百人会议，将成员数目增至 500 人，每个地区部落各选 50 人，城邦的日常工作由五百人会议下设的若干委员会负责，有重大决策时，召集 500 人召开全体会议，但会议的重要决策必须得到公民大会的批准。再次是建立了 1 个十将军委员会，它由 10 个选区各选 1 人组成，共同统领军队，任期 1 年。

最后，克利斯提尼还创立了“陶片放逐法”（Ostracism）制度，在每年第六届主席团任期中，不用任何人提议（这样避免了任何人充当弹劾官员提案人的风险），都要在公民大会上举行一次投票，看是否有人需要被放逐。如果多数票认为需要放逐，他们就要再召开一次公民大会。会上，每人领一块碎陶片，上面写上需要被放逐者的名字，然后由专人进行统计，如果碎陶片数量少于 6000 片，就算无效；超过 6000 片，得票最多者被放逐 10 年。受此惩处者，于流放 10 年期满回国后，还可恢复其以前的公民权利。

作为选票使用的碎陶片

后来在雅典的政治斗争中，各政治派别经常利用这种方法攻击其政敌，同时也使统治者在行为上小心翼翼，避免四处树敌。根据记载，这种放逐法大约实行了90年，有10人被放逐，一直到公元前417年，陶片放逐法才被废止。考古学家在雅典挖掘出很多写有流放者名字的陶片。

克利斯提尼改革是继梭伦改革之后另一具有重大历史意义的事件，克利斯提尼改革使由梭伦奠定基础的民主政治趋于巩固。此后，雅典城邦的民主洪流便不可逆转地向前迈进。在将近百年的时间内，雅典由于一系列民主改革而一跃成为古希腊世界中居领导地位的城邦，其经济、政治和文化实力允许其在即将到来的波斯帝国的入侵中接受严峻挑战。

十、全民皆兵的斯巴达

“斯巴达”原意是“可以耕种的平原”，它位于伯罗奔尼撒半岛南部的拉哥尼亚平原，离海较远，土质也较肥沃，是希腊的少数农业区之一。斯巴达

中世纪所绘的斯巴达城

是古希腊实力仅次于雅典的城邦，它以其强大的军队而闻名。该城邦位于希腊东南部欧罗塔斯（Eurotas）河畔的一个山谷中。斯巴达人认为自己是古希腊英雄赫拉克勒斯（Hercules）的后裔。

斯巴达是多利安人后裔所建立的国家。相传多利安人曾经征服拉哥尼亚，然后定居下来，建立斯巴达。起初，斯巴达也和其他古希腊人的早期城邦一样，分成几个血缘部族。后来渐渐出现地域性的行政区，称为“俄巴”，意思是村社。在斯巴达，一共有5个“俄巴”。因此历史学家认为，斯巴达最初大概是由5个农村公社联合而成的。

与雅典人相比，斯巴达人普遍没有受过正规教育，也没有学习艺术、戏剧或哲学。斯巴达人的精力主要放在组建军队和如何在战场上打败他们的对手。斯巴达拥有所有古希腊城邦中最强大的军队，每个斯巴达人从小就受训练成为一名士兵，属于中外历史上极为少见的全民皆兵的政治实体。

斯巴达在公元前650年左右开始崛起。在从公元前492年到公元前449年的希波战争中，斯巴达军队领导了所有古希腊城邦并击败了波斯人。斯巴达士兵最著名的战斗发生在波斯战争期间的温泉关。300名斯巴达士兵掩护古希腊军队撤退，与波斯国王薛西斯一世（Xerxes I）率领的成千上万波斯军队进行了激烈战斗，最终全部战死。

斯巴达并不总是与其他古希腊城邦友好相处，尤其是雅典。斯巴达人与雅典进行了长达27年的伯罗奔尼撒战争，最终在公元前404年击败了雅典。此后斯巴达逐渐衰落，他们于公元前371年在留克特拉（Leuctra）战役中输给了底比斯，在北方的马其顿崛起后，斯巴达失去了其在希腊的影响力。

斯巴达社会分为泾渭分明的三个阶层，即斯巴达人、庇里阿西人（Perioikoi）和希洛人（Helot）。

斯巴达人是社会的统治者，人数相对较少（约9000户），他们一般都是斯巴达建城时原始居民的后代，少数在战争中建立军功的养子也可以获得斯巴达公民的身份。

斯巴达公民享有很多权利，例如受到公正审判的权利，接受军事训练的权利，以及住在城邦中所有军营的权利。在斯巴达成为公民有时很困难，一个人需要证明他们是原始的斯巴达血统才能成为公民，很多人需要花钱请人来调查他们的家谱。如果一个人不能支付调查费用或证明他们是斯巴达人的后代，就不能成为斯巴达公民。

为了防止斯巴达内部贫富分化，斯巴达人不许从事工商业，不能用金银做货币，只能用价值低廉的铁币。斯巴达人除了军事作战外，也不得从事其他生计。

庇里阿西人是生活在斯巴达土地上的自由人（约 3 万户），大多数庇里阿西人是被斯巴达人击败的拉科尼亚人（Laconian）的后代。他们多住于城邦周围或沿海一带，从事手工业或商业，有人身自由，但没有公民权。

希洛人是斯巴达人口中数量最多的阶层（约 3.6 万户），他们多数是被斯巴达人征服的美塞尼亚人（Messenia），基本上是斯巴达人的奴隶或农奴。他们耕种自己的土地，但不得不将一半的庄稼交给斯巴达人作为地租。希洛人每年均要被殴打一次，以提醒他们的奴隶身份，此外还被迫穿着动物皮制成的衣服，试图逃跑的希洛人通常会被杀死。斯巴达人杀死希洛人或庇里阿西人而不受惩罚的情况并不少见。斯巴达人甚至还把青年组成一种别动队，白天藏匿在僻静的地方，夜晚出来袭击希洛人，杀害那些被认为有反抗嫌疑的强悍分子。

斯巴达的手工业和商业并不发达。它名为城邦，实际上却算不上是一个城市，既没有城墙，也没有街道。对于希洛人的残酷榨取，使扩大农业生产几无可能。因为商品交易不发达，它的货币制度也很落后。它用一种笨重的铁币，据说数目稍微大一点就要用车来装。

男性和女性在斯巴达的生活大不相同。斯巴达家庭出生的畸形或生病的孩子，会被遗弃到山谷里。在其他城邦里，母亲给婴儿洗澡是用水，斯巴达人的母亲却用酒来清洗，她们认为这样可以考验孩子的体格：病弱的任其在酒里晕死，强健的在经过考验之后就可以变得像铁一样结实。对于孩子的养育，她们也有一套不同寻常的办法。她们不用襁褓和绷带，认为这样可使孩子的四肢和形体自由发育。她们也不把好吃的食物留给孩子，并且会训练孩子不怕黑暗、不怕孤单、不急躁、不爱哭等。

斯巴达男孩到 7 岁时就会进入一所名为阿戈革（Agoge）的军事学校。斯巴达男孩在军营里一起生活，除了军事训练外，他们也学习一些阅读和写作。为了锻炼他们忍受痛苦的能力，斯巴达有一种掩盖在宗教仪式之下的鞭打青年的制度。越是忍得住鞭打的，就越被认为有毅力。他们平日吃得很少，以适应他们参加战争时的生活。为增强他们在战场上的生存能力，男孩还被

斯巴达勇士

鼓励偷取食物，如果被抓住，就会受到严厉的惩罚，不是因为偷窃，而是因为被抓住了。所有这些不近人情的教育方法，都只为了一个目的，就是要训练他们成为耐苦的、守纪律的、勇敢的、机敏的战士，为斯巴达国家对内镇压希洛人，对外侵夺新的土地。当男孩们 20 岁时，便会加入斯巴达军队，一直到 60 岁才允许退役。

斯巴达的少年团队也会有语文方面的教育，要他们能读、能写。但在全部的教育过程中，学科教育只占很次要的地位。在雅典，富有的父亲总想把儿子教育得文采斐然，能诵诗，能辩论，能出口成章。但在斯巴达，这类教育完全不受重视。斯巴达人沉默寡言，不好文饰，只要青年子弟出言简当，便算是达到了语文教育的目的。在斯巴达的历史上，曾经出现过不少的名人，却没有出现过一个雄辩家。流传后世的斯巴达人的谈吐，也绝没有像雅典伯里克利那样长篇大论的演说，他们的谈话多半是只言片语，很质朴且直截了当。

斯巴达女孩也在 7 岁时也会进入学校，她们也要参加锻炼和竞技运动。根据古希腊著名作家普鲁塔克（Plutarch）的记载，斯巴达的少女必须练习格斗、赛跑、投铁环和掷标枪，目的是为了将来的婴儿可以在强健的母体里长得更结实，发育得更好。但她们不会成为军士，斯巴达女孩在 18 岁之前就会结婚。斯巴达妇女比其他古希腊城邦妇女享有更多的自由，她们可以拥有产业、土地，也可以在未经丈夫或父亲许可的情况下外出旅行。在战争时期，斯巴达妇女被要求照顾家里的一切，包括在需要时保护自己的土地免受敌人的侵占。

斯巴达军队以方阵编队作战。他们会排成一排，中间有几个人。然后他们将盾牌锁在一起，向敌人发动攻击，用长矛刺伤敌军。斯巴达人一生都在钻探和练习他们的阵型，并在战斗中表现出来。他们很少打破阵型，这样可以打败更强大的军队。斯巴达人使用的基本装备包括盾牌、长矛和短剑，他们还穿着一件深红色的束腰外衣，这样血淋淋的伤口就不会外露出来。对于

斯巴达战士的雕像

斯巴达人来说，最重要的装备就是他们的盾牌，一个士兵可能遭受的最大耻辱是在战斗中失去他的盾牌。

斯巴达由两个权力相同的国王统治，分别由两个家族世袭，战时一个国王带兵打仗，一个国王留在国内处理政务。但实际上国王的权力很小，国王不过是祭司长、军事出征的统帅、长老会议中的议长这些礼仪象征性质的领袖，政治权力实际集中在由 5 个人组成的执政官手上，他们负责监督国王。法律是由包括两位国王在内的 30 位长老组成的长老会议制定的，虽然长老会议握有实权，但重要事务在名义上还需要公民大会通过。

斯巴达独特的军事社会制度使它拥有其他城邦所不及的军事优势。到了公元前 6 世纪，斯巴达已经成为伯罗奔尼撒半岛上最强大的城邦，并且组成伯罗奔尼撒同盟，自居首领的地位。它的步兵方阵享有常胜的威名，不仅称霸南希腊，而且对全希腊都有举足轻重之势。但它的工商业并不发达，因此没有向海外发展的迫切需求，也没有强大的海军。它的社会上没有出现从事工商业活动的新的富裕阶层，因此它一直保持贵族的寡头专制，反对民主政治。

十一、古希腊的其他城邦

古希腊一直到被亚历山大大帝征服之前，都不是一个统一的国家或帝国，而是由多个城邦组成。每个城邦的中心都有一座强大的城市，这座城市统治着它周围的土地和地区，有时它也统治着较小的、实力较弱的城市。每个城邦都有自己的政府，其中两个最强大最著名的城邦便是雅典和斯巴达，但在古希腊历史上，还有一些其他重要和有影响力的城邦。

1. 科林斯　科林斯是一座贸易城市，地理位置优越，拥有两个海港，一个在萨罗尼克（Saronic）湾，一个在科林斯湾。得益于此，这座城市也是古希腊最富有的城市之一。科林斯以其建筑而闻名，科林斯人开创了古希腊建筑的科林斯柱式，它与多立克柱式和爱奥尼柱式一起成为古典希腊建筑的三大主要形式。

公元前 8 世纪至公元前 6 世纪，科林斯不仅有发达的农业，而且过境贸易很兴旺。科林斯的陶器享有盛名，造船和航海业都有很大发展。当时，科林斯几乎独占了与西方的贸易，陶器、橄榄油、葡萄酒、金属器皿的输出全部要经过科林斯。

科林斯的政体是由国王统治的君主制。科林斯在希波战争期间向古希腊人提供士兵，它派遣了 40 艘战船参加萨拉米斯（Salamis）海战，他们还在伯罗奔尼撒战争中与斯巴达结盟以对抗雅典。伯罗奔尼撒战争结束后，科林斯和底比斯对斯巴达在同盟中的霸权不满，遂挑起了科林斯战争。

公元前 338 年以后，科林斯基本上从属于马其顿。公元前 196 年，罗马

科林斯的阿波罗神庙遗址

打败马其顿，宣布科林斯“独立”。公元前 146 年，科林斯为罗马所灭，居民大批沦为奴隶，城市被彻底摧毁。公元前 46 年，恺撒重建科林斯，成为罗马治下的亚该亚行省的中心。

2. 底比斯　底比斯是位于科林斯和雅典北部的一个强大的城邦，在希腊的各种战争中不断改变立场。在希波战争期间，他们最初派人前往温泉关与波斯人作战，但后来，他们与波斯国王薛西斯一世结盟，与斯巴达和雅典作战。在伯罗奔尼撒战争的不同时期，它最初与雅典结盟对抗斯巴达，然后转而与斯巴达结盟对抗雅典。公元前 371 年，底比斯进军斯巴达，在留克特拉战役中击败了斯巴达人。这结束了斯巴达城邦的权力，并释放了许多斯巴达奴隶。此后 10 年中，底比斯是古希腊第一军事强国，此后迅速衰落，公元前 346 年的内乱迫使底比斯臣服于马其顿的腓力二世（Philippe II）。

公元前 336 年夏，腓力二世在其女儿的婚礼上遇刺身亡，刚满 20 岁的亚历山大继承了王位。此时，过去曾与马其顿作对的底比斯人谣传亚历山大阵亡，乘机掀起了反马其顿的轩然大波。亚历山大知道，底比斯是古希腊诸城邦中有名的大城邦，如不把这次暴乱平息下去，其后果将不堪设想。于是他决定杀一儆百，当机立断，火速挥师南下，以闪电般的速度出敌意外地出现于底比斯城下，底比斯人惊慌失措。底比斯城被攻陷后变成了一堆瓦砾，约 6000 人被杀，3 万居民都被变卖为奴，只有过去和腓力二世或亚历山大友好或赞助过马其顿的少数人除外。

底比斯在古希腊传说和文学作品中也很有名。它被称为古希腊英雄赫拉克勒斯的出生地，在俄狄浦斯（Oedipus）和狄俄尼索斯的故事中发挥了重要作用。此外，当时著名的希腊诗人品达（Pindar）就住在底比斯。

3. 阿尔戈斯　阿尔戈斯是古希腊最古老的城邦之一，位于伯罗奔尼撒半岛的东北，它在公元前 7 世纪由独裁者费顿（Pheidon）统治时期国力达到鼎盛。在费顿统治期间，阿尔戈斯引入了银币以及后来被称为费顿度量衡的标准度量衡系统。

阿尔戈斯的赫拉神庙遗址

从公元前6世纪开始，阿尔戈斯始终与斯巴达相竞争或受斯巴达控制，在希波战争中，阿尔戈斯持中立态度，在伯罗奔尼撒战争中，阿尔戈斯与雅典联盟，但这个联盟并未给阿尔戈斯带来任何好处。此后，阿尔戈斯与科林斯组成了一个联邦，亚历山大大帝死后，阿尔戈斯受到不同的其他国家的统治，公元前146年被并入罗马共和国，从此地位就不再重要了。

在公元前500年左右，阿尔戈斯大约有3万居民，城市有完善的下水道系统。阿尔戈斯的剧院可以容纳2万名观众，它完全是从山上的岩石中开凿出来的。

根据古希腊神话，阿尔戈斯是由宙斯之子阿尔戈斯创立的。在赫拉（Hera）和波塞冬（Poseidon）为这座城市发生争执时，土地变得干燥干旱。最终，赫拉获胜并成为这座城市的守护神，但波塞冬通过晒干土地报了仇。

4. 德尔斐 德尔斐位于希腊中部，常被称为“世界的肚脐（中心）”。它是古希腊城邦的宗教中心，来自古希腊各地的人们每一天都会来到这座城市，接受著名的德尔斐神谕（Pythia）的指导。在古典希腊时期，这座城市在阿波罗杀死巨蟒后成为阿波罗神的圣地。

德尔斐也是希腊艺术、教育、文学和贸易的中心。同时，它也是古希腊

德尔斐神庙遗址

早期最著名的体育赛事之一皮提亚运动会（Pythian Games）的举办地。

5. 罗德岛 罗德岛地处爱琴海东南部，位于爱琴海和地中海的交界处。罗德岛城邦于公元前 408 年在一个半岛上建立，当时三个较小的城市 [伊利索斯（Ialyssos）、卡米罗斯（Kamiros）和林多斯（Lindos）] 决定联合起来打造一个大城市。因其地处作为贸易港口的黄金地段，罗德岛繁荣了数百年。

这座城市以其造船厂以及被称为太阳神巨像的巨型雕像而闻名。公元前 290 年，当地市民为了纪念公元前 305 年成功抵抗马其顿军队入侵，建立了著名的高逾 30 米的太阳神大铜像，即罗德岛太阳神巨像，它被认为是古代世界七大奇迹之一。可惜在公元前 224 年，罗德岛太阳神巨像在一场大地震中轰然倒下。

罗德岛太阳神巨像想象图

十二、古希腊的重装步兵

在西方，重装步兵最早出现在古希腊。重装步兵是古希腊各城邦军队的主要形式，生活在古希腊的大多数人都不是全职战士，他们中的大多数人都有其他工作，例如农民或工匠等。

金属质地的甲胄在公元前 8 世纪末期开始在古希腊出现，主要包括护面、头盔、胸甲、腔甲：头盔上部一般饰有羽冠，羽冠除了装饰的作用外，也能鼓舞士气，在混战之中也能起到敌我识别的作用。头盔的防护能力相当完善，有护颊和保护后颈的设计，能够给予头部有效的防护。

重装步兵一只手持直径约一米的圆盾，另一只手拿着长矛，上身包裹着厚重的胸甲。胸甲是最主要的防护工具，它分成胸板和背板两块，在肩部和两侧用铰链和皮带扣固定。腔甲一般覆盖了从膝盖骨顶端一直到脚背的区域，

古希腊重装步兵

其用途除了对腿部的防护之外，也能防止盾牌的下沿碰伤自己的腿部。重装步兵腰部以下是散开的金属或皮质战裙。他们的防护用具是由青铜和石头制成。与当时昂贵的铁器相比，青铜护甲重量更轻，其厚度足以防止敌军的武器对自己身体致命部位的攻击。除此以外，重装步兵也装备有紧身衣，可以衬在金属胸甲内部防止其磨损皮肤，在缺乏金属胸甲时也能起到一定的防护作用。雅典的紧身衣生产在古希腊非常有名。

重装步兵的攻击武器包括一支两三米长的矛，还有一把短剑，这些武器都是铁制的。长矛有宽阔的枪头，尾部也装有锐利的枪尖，既可在枪头折断时将长矛倒过来使用，也可以方便地刺死受伤倒地的敌人，佩剑可以在长矛失去作用时进行自卫。重装步兵的全套装备重达约 30 公斤，只有拥有强悍体格的战士才能在战场上行动自如。

当重装步兵并排站立的时候，他们的盾牌会重叠并形成一堵墙，形成方阵，典型的希腊步兵方阵一般纵深分为 8 列，如果人数多，阵型就会拉得很宽，有时候绵延数公里。作战时，每排的重装步兵肩并肩排成密集的列阵，每个步兵右手持矛，左手持盾。战士们使用盾牌和长矛攻击敌人，即使前面的战士被打败，后面的战士也会继续前进。

重装步兵在古希腊时代展示出了无与伦比的防御能力，在其缓慢和稳固的前进过程中，当时的弓箭手和骑兵都难以从正面对其施以有效的杀伤。在重甲的保护之下，重装步兵战争的伤亡率不高，重装步兵之间的战争伤亡率一般在 5% 到 14% 之间。

古典时代的古希腊世界，尚不曾受到近代强国的威胁，战争一般发生在邻国之间，且不少战争是一战定乾坤。这种情况使当时的战争呈现出两个特点：军队出征距离较短，战争时间不长。因此，古希腊城邦并没有为以重装步兵为主力组成的军队提供专门的后勤部队，重装步兵的后勤给养往往由士兵自己负责运输。重装步兵的防具武器本身就重达约 30 公斤，再加上后勤物品，其行军负重必然会更高。在此情况下，在行军过程中由士兵自带的奴隶为重装步兵背负粮食和装备。普拉提亚（Plataea）战役中，每个斯巴达士兵都拥有 7 个随军的希洛人奴隶，而雅典等其他城邦的士兵也都有 1 个随军的奴隶。

到了古典时代，战争的时间和作战距离越来越长，情况发生了一定的改变：军事将领一般采取为士兵提供一个村庄或者补给市场的方式，让士兵自己在市场中购买所需的给养；普拉提亚战役期间，古希腊人也组织了专门的运粮队负责从伯罗奔尼撒半岛向前线运粮。

十三、希波战争

公元前 6 世纪，在伊朗高原的西南部，出现了强大的波斯帝国。波斯人是雅利安人的一支，在公元前 800 年左右迁移到现在的伊朗，公元前 558 年，波斯的贵族居鲁士第一次把波斯各部族统一成为波斯王国。此后波斯的统治者发动了一系列侵略战争，逐步征服了米底王国、吕底亚王国、爱琴海东部沿岸的希腊城邦以及巴比伦和埃及等地，形成一个空前的大帝国。

大流士一世雕像

公元前 492 年夏天，波斯帝国皇帝大流士一世（Darius I，公元前 522—前 486 年）借口雅典曾援助小亚细亚的希腊城邦米利都反抗波斯的起义，命令海陆大军沿色雷斯海岸向希腊推进。谁料当波斯舰队到达阿陀斯（Athos）海角（今希腊塞萨洛尼基半岛南端）时，突然暴风骤起，波斯战舰顷刻间被巨浪击沉或互相撞沉，共有约 300 艘战舰沉入大海，2 万多名士兵葬身鱼腹。波斯的第一次侵略战争就这样不光彩地失败了。

波斯第一次东征希腊失败后，便加速进行更大规模的备战活动。第二次东征前，大流士一世首先派使者到古希腊各邦索要“土和水”，意思就是要他们无条件投降，并借此试探希腊各城邦的态度。当波斯使者到达雅典时，雅典人把他从悬崖抛入深渊。斯巴达人则把使者抬到井边，指着水井对他说：“井里有土又有水，你要多少就拿吧！”说毕，就把他扔下井去。雅典和斯巴达人的强硬态度大大激怒了大流士一世，他命令富有战斗经验的老将达提斯（Datis）统率大军，第二次东征希腊。

雅典处境危急，斯巴达则拒绝援助，雅典民众决心奋起反击。1 万多名全副武装的雅典军在著名将领米提亚得（Miltiades）的带领下，在距离雅典 40 多公里外的马拉松（Marathon）平原与波斯军展开了历史性的决战。公元前 490 年 9 月 12 日的早晨，米提亚得命令部队在山坡上摆开阵势。为了不

马拉松战役场景图

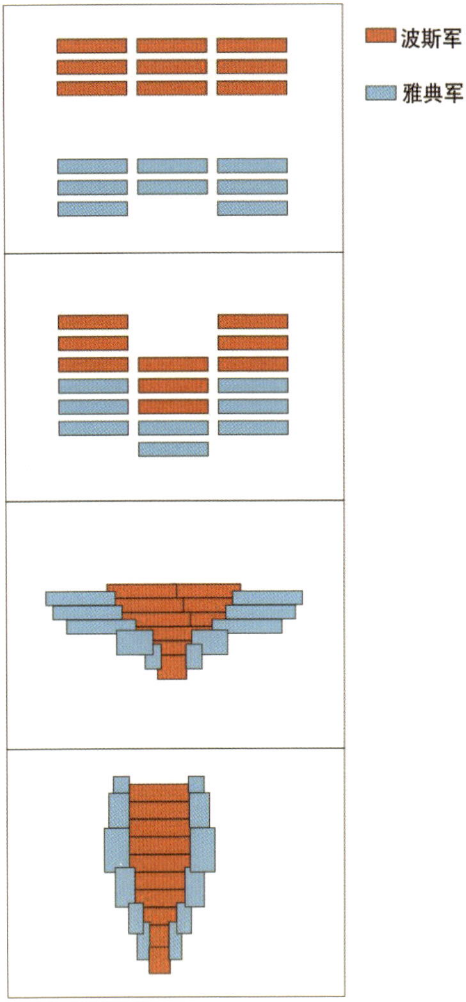

马拉松战役中雅典军与波斯军战斗模拟图

给敌方冲锋的机会，米提亚得决定先发制人，命令全军飞奔下坡，冲击敌阵。波斯军很快突破了希腊军的中央阵线，希腊军且战且退，波斯军队步步紧逼。在这十分紧急的关头，雅典的两翼部队突然喊声雷动，从两侧夹攻敌军。波斯军由于战线拉长，被迫三面受敌，首尾不能相顾，在败退中阵型大乱，死伤遍野。雅典军乘胜猛追，一直追到波斯军停靠舰队的地方。根据历史学家考证，在这次战役中，波斯军队伤亡 6400 余人，而雅典军队伤亡仅 192 人，第二次希波战争以雅典军队大获全胜而告终。

大流士一世在此次战败后，没几年就去世了，他的儿子薛西斯一世登上王位。薛西斯一世为实现父亲的遗愿，发誓要踏平雅典，征服希腊。公元前 480 年春，薛西斯一世率领数十万海陆大军，渡过赫勒斯滂（Hellespont）海峡（今达达尼尔海峡），进入爱琴海地区。在大敌当前的情势下，以雅典和斯巴达为首的三十多个古希腊城邦摒弃前嫌，联合起来，组成军事同盟，推举拥有最强大陆军的斯巴达为盟主，统率海陆大军北上迎敌。

作为希腊联军的先头部队，驻守在温泉关（希腊北部和中部的交界处）的联军总人数只有四五千人，其中战斗力最强的是斯巴达的300名重装步兵，由斯巴达国王列奥尼达一世（Leonidas I）指挥。列奥尼达一世是一位坚强勇敢、富有战斗经验的领袖，他一面积极布防，一面派人到各个城邦请求援助。根据温泉关地势险要、山道狭窄，部队无法展开，骑兵和战车派不上用场的特点，薛西斯一世采取了派步兵轮番冲击的强攻战法，企图利用人数的优势打垮希腊联军。而希腊联军却利用温泉关“一夫当关、万夫莫开”的地形优势，居高临下，用锋利的长矛凶狠地刺向手持波斯刀的敌人。波斯士兵一批一批地倒下，攻打了数日，却没能前进一步。

正当薛西斯一世无计可施的时候，一个贪图钱财不惜卖国叛变的当地农民来报告，说有条小路可以通到关口的背后。薛西斯一世一听，大喜过望，立即带领军队沿着荆棘丛生的小道直插后山。他们穿峡谷，渡溪流，攀山崖，黎明的时候，终于越过一片橡树林，接近山顶，于是直向温泉关背后插了进去。

列奥尼达一世得知波斯军迂回到背后时，知道大势已去。为保存实力，他把其他城邦的军队调至后方，只留下自己带来的300名斯巴达士兵断后。斯巴达人奋不顾身，接连四次打退波斯军，列奥尼达一世最终血洒疆场，壮烈牺牲。在失去首领后，斯巴达守军仍然坚持战斗，没有一个人逃跑，也没有一个人投降，直到波斯人用投枪把他们最后一个战士射倒为止。

后世在温泉关为这些为希腊民族自由而捐躯的壮士立碑，用古希腊文所撰写的碑文是：“过客啊，去告诉拉西第梦人（即斯巴达人），长眠在这里的我们永远遵从命令。”直到现在，这块碑铭依然屹立在温泉关，两千多年来一直是希腊民族所景仰的圣迹，而斯巴达国王列奥尼达一世更是成为诗人所盛赞的英雄。

《列奥尼达在温泉关》（油画）

斯巴达军队的英勇抵抗为雅典军民赢得了宝贵的时间，等波斯军队攻至雅典时，雅典已经只剩下一座空城，全城居民早已撤走，结果波斯军只得焚城以泄愤。

雅典城失陷后，雅典军队统帅特米斯托克列斯（Themistocles）把全部海军集中到萨拉米斯岛附近，以图利用狭窄的海峡，使波斯的舰队不易灵活调动，从而战胜波斯海军。从双方海军的特点来看，波斯的船大、数量多，宜于在宽阔的海面上作战；雅典的船小、数量少，宜于在狭窄的海面上作战。急于求胜的薛西斯一世中了希腊人诱敌之计。

公元前 480 年 9 月 20 日黎明，波斯海军开进萨拉米斯海湾。希腊人在“为祖先的坟墓、为希腊诸神的祭坛而战斗”的口号鼓舞下，个个奋勇争先。船身较小的希腊战舰，在狭窄的海峡里穿梭自如，用猛攻战术打乱了波斯战舰的队形。而大型的波斯战舰则指挥调度失灵，自相撞击，前后不能呼应，

《萨拉米斯海战》（油画）

处于被动挨打的境地。特米斯托克列斯见此情景，趁机指挥全军四面出击。希腊人越战越勇，直打到残阳如血的时候，海上漂满破舰的碎片。波斯海军已无心恋战，丢下落入水中的战友，灰溜溜地撤离了萨拉米斯海湾。

尽管在萨拉米斯遭遇了失败，但波斯人仍然控制着希腊半岛的大部分地区。公元前 479 年 8 月，双方在普拉提亚进行最后的决战。这一次，希腊军队由来自全国各城邦的大约 11 万人组成。尽管面对强大的波斯军队，希腊人还是设法战胜了他们的敌人。

公元前 448 年，雅典使节在波斯首都苏萨和波斯签订和约，史称《卡里阿斯和约》。和约规定，小亚细亚希腊各城邦独立，波斯放弃对爱琴海地区的统治。雅典一跃成为爱琴海地区的霸主，就此取得了东地中海和黑海地区的海上霸权。

雅典在希波战争中居于主导地位，希罗多德在其所著的《历史》一书中盛赞雅典人是“希腊的救星”，他这样写道 ：“雅典人的行动决定了战争的结

绘于公元前 5 世纪的陶杯上的希腊步兵与波斯战士的战斗图案

局。他们极其尊重自由，同时使整个希腊世界站立起来，用共同的力量击退了敌人。只有自由的人民才能这样坚决地作战。”

这场战争在世界历史上的影响是深远的。此后，世界文明发展的格局便逐渐形成东西方并立共存之势，一直延续至今。这次战争也大大地扩展了古希腊人的视野，小小的希腊面对强敌所取得的胜利进一步激发了希腊人海纳百川的雅量，增强了希腊人的自信心，促进了东西方文明的交流。

战争的胜利使希腊人赢得了自主发展经济生活（不需要向外国朝贡和交纳赋税）和政治制度的机会，同时也使得希腊商业获得了彻底的海上贸易自由：萨拉米斯海战后的雅典舰队，为希腊贸易开辟了地中海沿岸的每一个港口，继之而起的商业扩展提供了伯里克利时代雅典在公共事业和文化上所需要的财务支持。

十四、伯罗奔尼撒战争

希波战争以后，希腊形成了两大集团：一个是以斯巴达为首的伯罗奔尼撒同盟，一个是成立于公元前 478 年的以雅典为首的提洛同盟（因同盟会址和同盟金库都设在提洛岛）。提洛同盟虽然成立较晚，但其盟主雅典拥有雄厚的经济力量和强大的海军，提洛同盟实际上变成了雅典帝国，这个帝国拥有城邦二百多个，人口上千万，大有压倒伯罗奔尼撒同盟的趋势。雅典的扩张，严重触犯了斯巴达在伯罗奔尼撒地区的战略利益。

在政治制度上，雅典是实行民主体制的国家，并且到处扶植民主派势力，这一基本政策和斯巴达的贵族寡头专制制度针锋相对。斯巴达不仅在国内保持贵族政治，而且在其他国家支持贵族势力，对雅典的扩张采取完全敌视的态度。

在经济方面，雅典跟伯罗奔尼撒同盟中的手工业、商业城邦科林斯有不可调和的矛盾。希波战争之后，科林斯商业势力进一步向爱琴海北岸扩张，冲击雅典在这一海域的经济利益。斯巴达为了维护伯罗奔尼撒同盟的盟主地位，抑制雅典的扩张，争夺希腊霸权，采取坚决支持科林斯的态度。

公元前 431 年 3 月，伯罗奔尼撒战争由斯巴达同盟城邦底比斯夜袭雅典同盟城邦普拉提亚而正式打响。战争开始阶段，双方势均力敌，各有千秋。雅典财政力量雄厚，海军实力强大，而斯巴达陆军强大，尤其是重装步兵。

雅典执政官伯里克利认识到战争已经迫在眉睫，于是他对比双方实力，制定了坚守抗敌的策略。他知道斯巴达将采取陆上围攻的策略，就把雅典取胜的关键放在海上反击和城市固守等方面。为此，他修筑并加固了连接雅典城和海港比雷埃夫斯（Piraeus）的长垣夹道，在他看来，只要此墙未破，雅典城就能安然无恙，还可凭其占优势的海军袭击斯巴达和伯罗奔尼撒同盟的城市。

不想战争爆发不久，一场突如其来的灾难袭击雅典，使伯里克利战略功亏一篑。公元前 430 年，正当雅典周围的农村人口进入雅典城避难时，由海外传来的鼠疫在密集的居民中迅速散布开来。此后一年多的时间里，雅典人口大量死亡。据估计，全城约 1/4 的居民染疾而死，伯里克利也被瘟疫夺去了性命。

在第一阶段的战争中，双方各有胜负，呈相持之势，最后雅典主和派得势上台，公元前421年双方签订《尼西亚和约》，双方约定各自退出占领的土地，在50年内实行休战。雅典许诺，如斯巴达奴隶暴动，将派兵援助斯巴达。第一阶段的战争至此结束。

然而，和约并没有从根本上解决双方的矛盾对立，不久后战事又开。公元前415年，雅典发动西西里东征，当时西西里岛最大城邦叙拉古（Syracusae）与斯巴达是同盟，雅典想以空前规模的海军从海上东征叙拉古，袭击锡拉丘兹市（Syracuse），企图让西西里的希腊城邦归附雅典。但结果事与愿违，雅典军队大败，几乎全军覆没。西西里战役前后历时两年多（从公元前415年5月到公元前413年9月），结果显赫一时的远征军完败，雅典丧失了近5万人，其中有重装步兵1万余人，损失战舰约200艘，支出了巨额的军费。这次惨败使雅典的海军元气大伤，再也无力恢复。此后，斯巴达不断出兵入侵雅典，长期盘踞在雅典城北面，使雅典农村遭严重破坏，雅典城内又发生了2万名奴隶大逃亡事件，致使雅典经济濒临崩溃，雅典的同盟者大批叛离，波斯帝国的势力趁机重返爱琴海，以经济援助为手段挑动各城邦内战。

斯巴达一方则不仅拥有占绝对优势的陆军，还借波斯资助建立海军，实力大增，逐渐获取了海战优势。公元前404年，雅典海陆均被包围，城内粮源断绝，陷入饥饿贫困的境地，只得被迫投降，旷日持久的伯罗奔尼撒战争至此结束。

公元前404年双方签订和约规定：雅典解散提洛同盟，服从斯巴达的领导；雅典只能保留12艘警卫用的舰只，拆除原来建造的长城和海港防御工事，并交出其海军舰队。这样，一败涂地的雅典被降为俯首听命于斯巴达的二等城邦。在战争中，古希腊各城邦相互攻伐，致使生灵涂炭、经济凋敝，小农经济趋于崩溃，古希腊城邦由此逐渐走向衰落。

十五、群雄逐鹿

伯罗奔尼撒战争后，斯巴达成为希腊霸主，胜利给斯巴达带来了大量财富，使它成为全希腊最富有的城邦，原属雅典的盟邦，现在大部分成为斯巴达的隶属者，斯巴达的国势达到了空前的强盛。但其地位并不稳固，雅典以及原提洛同盟各邦对斯巴达并不服气，伯罗奔尼撒同盟内的科林斯、底比斯等大邦也对斯巴达的独断专横进行抵制。波斯趁机利用希腊城邦之间的矛盾挑拨离间，使小亚细亚各地的希腊城邦接受了波斯的统治，希腊人在希波战争中的胜利成果丧失殆尽。

公元前 395 年，底比斯首先发难，随后雅典、科林斯、麦加拉、阿尔戈斯等城邦纷纷响应，并组成反斯巴达同盟。同盟军队与斯巴达军队在科林斯地峡一带作战，所以这场战争又被称为科林斯战争（约公元前 395—前 387 年）。公元前 394 年，波斯舰队在雅典人科农（Conon）指挥下，在克尼达斯（Cnidus）海角大败斯巴达海军，从此，斯巴达丧失了海上霸权。尔后，科农带着波斯提供的大量金钱回到雅典，重建雅典至比雷埃夫斯港的长城，重建舰队，雅典又逐渐强大起来。斯巴达面对强敌，被迫向波斯求和。波斯不愿意让雅典再次强大，于是对各方施加压力。最后在波斯的干涉下，于公元前 386 年，在波斯首都苏萨签订了《安塔西达和约》。和约规定：置小亚细亚诸希腊城邦于波斯统治之下，除斯巴达领导的伯罗奔尼撒同盟外，解散希腊一切同盟。

科林斯战争之后，斯巴达为了维护其霸权地位，不断干涉各城邦的内政，引起各城邦的不满，在此期间，底比斯成为中部希腊诸城邦的首领。公元前 371 年 7 月，底比斯以新组织的、锐势很盛的方阵军，在留克特拉城大败斯巴达。指挥作战的斯巴达国王阵亡，斯巴达陆军多年威名扫地，希腊的政治局势发生巨大变化。此时，除雅典外，底比斯一跃成为希腊最强大的城邦。次年，底比斯军队深入伯罗奔尼撒半岛，直逼斯巴达人所在的拉哥尼亚平原，并杀入美塞尼亚，解放了当地的希洛人，一举成为希腊的新霸主。它不仅在陆上击败了斯巴达，而且在海上与雅典争霸，于公元前 362 年远征博斯普鲁斯海峡。

但继起的底比斯霸权比斯巴达的还要短暂。底比斯根本算不上一个经济发达的城邦，它的民主派政权也没有像雅典那样的富有工商阶层作支柱。此后，周边形势发生了不利于底比斯的变化，雅典因为害怕底比斯的强大，转而和斯巴达结盟。公元前 362 年，孤立的底比斯全力进攻斯巴达。在曼提尼亚之战中，虽然底比斯战胜了斯巴达，但底比斯主帅战死，全军伤亡惨重，不可补救的军力消耗使一个依靠军事力量建立起来的霸权迅即崩溃。

斯巴达和底比斯势力的衰落，给雅典恢复其海上霸权以可乘之机，雅典遂利用第二次海上同盟向爱琴海北岸扩张。然而，雅典的实力远无法和希波战争时期相比，其企图恢复其强权的政策以及对同盟国的繁重勒索和压迫，又引起了它与同盟国之间的战争，结果，雅典舰队战败，希腊陷入群雄逐鹿、群龙无首的境地。

在这几十年中，希腊各邦的混战和同盟的分合层出不穷，始终未能摆脱战乱和危机，而城邦危机却为新兴的马其顿王国控制希腊提供了方便。公元前 338 年，各城邦终于臣服于由亚历山大统治的马其顿王国。

十六、马其顿的兴起

马其顿位于希腊半岛北部，东面临海，地高山多，地势险要。境内有苍郁的原始森林，盛产优质木材，冬季严寒，这样的自然环境使马其顿人养成了艰苦耐劳、勇于斗争的精神。从整体上看，马其顿人不是纯粹的希腊人，但与希腊人有渊源关系，由于僻处边疆，马其顿人长期处于落后状态，在公元前 4 世纪时希腊人仍称马其顿人为野蛮人。

古代马其顿社会也是氏族社会，存在着许多部落。在公元前 390 年至公元前 369 年，这些部落才逐步统一。马其顿人进入文明时代较大部分希腊城邦晚，公元前 5 世纪上半叶还处在军事民主制时期。它的王位是世袭的，但王权受军事贵族的限制。这种军事贵族称为“王友”，他们组成贵族会议。古老的民众会议仍然存在，会在战时召集。

从很早的时候，马其顿就与希腊有联系，希波战争中，马其顿国王亚历山大一世（约公元前 495—前 450 年在位）曾依附于波斯国王薛西斯一世，但当普拉提亚战役前夕，他又将军事情报暗地告知希腊人，后来他就以这一功劳被允许参加奥林匹克运动会。

公元前 5 世纪后期至公元前 4 世纪初期，马其顿国家逐渐形成。国王阿奇拉一世（约公元前 413—前 399 年在位）统治时代，马其顿国家初具规模。他文武兼修，改革军事，开辟道路，兴建城寨，发展教育，举办体育竞赛，大力提倡希腊学术文化。他把国都从山城埃盖迁到近海的平原城市佩拉，结果马其顿大治。伯罗奔尼撒战争后，底比斯与斯巴达争霸，希腊本土各邦无暇北顾，马其顿得以迅速壮大。

腓力二世雕像

公元前 4 世纪中叶，腓力二世（约公元前 359—前 336 年在位）当政时，马其顿王权大大加强，国势也日益发展。腓力二世年轻时曾在底比斯做人质三年，学习到战争策略、战斗技术和政治权术。他深受希腊文化的熏陶，了解希腊各城邦的弱点及其相互的矛盾。腓力二世雄才大略，即位后削除各部落首领的武装力量，限制贵族会议的权力，把军队大权集中到自己手中。他还实行了货币改革，兼用金币银币，两种货币按固定价格兑换。当时希腊用银币，波斯用金币，马其顿金币银币并用，既便于通商，又可以和两种货币势力抗衡。货币改革促进了马其顿商业和手工业的发展，加强了国家的经济力量。

为了提高军队的机动能力和作战技术，腓力二世在部落兵制的基础上，创建了主要由贵族和富裕农民组成的常备军，归他直接指挥。在军事技术上，腓力二世以底比斯的步兵方阵为基础，形成了著名的“马其顿方阵”。每一方阵常常由 16 排（最多达 32 排）的纵队组成。方阵的前排战士以盾牌、短剑为武器，后排的战士配备着长短不同的长矛。最后排的最长的长矛达 6.3 米，以至于后几排的士兵的长矛不得不搭在前几排战友的肩上。这种以盾牌保护起来的、以长矛伸长在密集队形前面的方阵，在战斗中成为一支不可摧毁的力量。但方阵步兵很难迅速改变队形，所以在其前方和两翼配备轻装步兵和骑兵作为前锋和护翼，既保护方阵不受侵犯，又加强了战斗的灵活性。在战

马其顿方阵

斗中，步兵作用在于顶住敌人的攻击，战斗的结局则取决于骑兵对敌军两翼的攻击。

腓力二世的上述改革，加强了马其顿的实力，为他后来的军事扩张与称霸奠定了有利的基础。到公元前 4 世纪 40 年代中叶，马其顿已成为一个地广兵强、经济实力雄厚的强国。东边的色雷斯，西边的伊利里亚、伊庇鲁斯，北边的爱奥尼亚，都在它的势力范围之内。

公元前 338 年春，腓力二世率军以迅雷不及掩耳之势，越过温泉关，占领埃拉特亚，直接威胁底比斯。雅典为之大惊，派兵前往边境，同时又与底比斯、科林斯、麦加拉等邦结成同盟，共抗腓力二世。公元前 338 年，腓力二世在喀罗尼亚（Chaeronea）战役中大败以雅典和底比斯为主的希腊联军，从此以后，古希腊城邦实际上失去了政治独立，马其顿王国开始统治全希腊。

公元前 337 年春，腓力二世在南希腊的科林斯城召开了全希腊会议（只有斯巴达未参加），会上通过了所有希腊各邦与马其顿之间的“永久和平与同盟”的决议，并成立了以马其顿为首的“希腊联盟”，奥林匹斯山以南的所有城邦和许多岛国都成为联盟的成员。大会一致选举腓力二世为同盟的最高领袖，全权统帅军队。科林斯会议标志着希腊城邦时代的结束。此后，希腊各城邦名存实亡，已失去独立的地位，古希腊历史进入了马其顿王国军事独裁统治的时代。

十七、亚历山大与希腊化时代

科林斯会议后，腓力二世即开始召集各城邦军队准备进攻波斯，公元前 336 年春，至少由 1 万人组成的先头部队，受腓力二世派遣，渡过了赫勒斯滂海峡，大军准备在秋天随腓力二世出发，但腓力二世竟突然在当年夏天女

年轻时的亚历山大雕像

儿的婚礼上遇刺身亡，其子亚历山大继位。

亚历山大是马其顿国王腓力二世之子，年少时受过良好的希腊文化教育，著名的古希腊哲学家亚里士多德曾是他的老师，他还广泛地涉猎过植物学、动物学、伦理学、哲学、历史、地理、医学等学科知识。他特别喜爱军事，对排兵布阵、统兵作战简直到了痴迷的程度。亚历山大自幼就显露出与众不同的性格，聪明、勇敢、意志坚定，传说有一次腓力二世购置了一匹烈马，一直没人能驯服它，年仅 12 岁的亚历山大主动提出要试一试，他不顾众人的反对，勇敢地靠近马身，抓住缰绳，纵身一跃跳上马背，骑上烈马飞驰而去。随着一阵烈马的嘶鸣声和尘土飞扬，等亚历山大回来之时，这匹烈马已经成为亚历山大的理想坐骑。

公元前 340 年，腓力二世率军东征，留下 16 岁的亚历山大在马其顿主持国政。这时马其顿原本不稳定的北部边境出现了部落叛乱。亚历山大初次上阵就展现了杰出的军事指挥天赋，他大败敌人，一直进军到叛乱者的城市。在他 18 岁时，亚历山大随父亲一起参加了喀罗尼亚战役，并率军击败了底比斯的精锐之师“神圣军团”，对战争胜利起到了关键作用。

亚历山大即位之初，国内形势十分严峻，马其顿宫廷出现骚乱，北方各部落纷纷暴动，希腊各城邦也开始蠢蠢欲动，密谋如何摆脱马其顿的控制。但亚历山大很快清除了宫廷中的异己势力，接着东征西讨，镇压各地的叛乱，迫使诸希腊城邦承认其盟主地位。在平定底比斯的叛乱时，亚历山大下令毁灭该城市，处死成年男子，并将其余公民全部变卖为奴，以警告其他希腊城邦。

公元前 334 年春，为掠夺小亚细亚地区的土地和财富，亚历山大亲率大军 3.5 万人渡过赫勒斯滂海峡征伐波斯帝国，这支军队的战斗力很强，包括步兵和骑兵等各色兵种，还拥有当时最好的攻城装备。此时的波斯帝国虽已失去早年的强盛国势，但它还拥有包括埃及、巴比伦、腓尼基在内的广阔国土和人数众多的军队。它的版图全部加起来，有马其顿王国 50 倍之多。帝国军队由皇帝统治下的各民族提供的壮丁组成，人数不下百万。但此时波斯帝国的皇权早已衰微，地方总督时时反抗中央，波斯军队战斗力也远不如前，许多被征服的国家正在伺机而起。

公元前 333 年夏，亚历山大的军队在伊苏斯城附近和波斯军队展开了历

古希腊哲学家第欧根尼与亚历山大大帝

位于庞贝古城中的镶嵌壁画——伊苏斯战役局部图

史性的战役。大流士三世亲率大军迂回到亚历山大军队的后方，力图利用优势地形摆开阵势，准备以逸待劳打败亚历山大。亚历山大则集中优势兵力，以迅雷不及掩耳之势，先是攻击波斯军队薄弱的左翼，得手后又立捣波斯军队的中军大营。大流士三世仓皇而逃，波斯军队迅速崩溃。

伊苏斯战役后，亚历山大并没有穷追败走的大流士三世，而是先把腓尼基一带波斯的海军根据地一一扫除，然后利用埃及人对波斯的不满不战而征服了埃及。在没有后顾之忧后，他才在公元前 331 年率军深入波斯腹地，以必胜之算来寻求最后的决战。

公元前 331 年 10 月 1 日，在高加米拉（今伊拉克境内）村庄附近，当

《在亚历山大面前的大流士家族》（油画）

时最强大的两支军队——马其顿与波斯——展开了历史性的决战。波斯军队首先发动进攻，大流士三世命令绑着锋利刀剑的战车全力向马其顿军队冲扑过去，指望以数目众多、装备精良的战车一举击溃马其顿方阵。但疾驰而过的波斯战车没能给马其顿军队多大损伤，反而遭到预先埋伏好的马其顿弓箭手的迎头射击。这时，亚历山大率领轻快的骑兵，以排山倒海的气势向波斯军队的左翼猛冲过来，波斯军队顿时阵势大乱、溃不成军。国王大流士三世再次带领残军落荒而逃。

亚历山大率领的马其顿军队势如破竹，接连占领了著名古都巴比伦以及波斯帝国的好几座城池。这时，波斯帝国一个地区总督比索斯拥兵自立，擒杀了大流士三世，自称波斯国王。不久，比索斯为共谋者所抛弃，被亚历山大擒获。亚历山大召开审判大会，并以公诉人身份指控比索斯谋害自己的君主大流士三世，他以波斯帝国维护者的身份，依照波斯习惯法处比索斯以极刑。亚历山大就此成为波斯皇统的继承人，波斯帝国也就此告终。

公元前 327 年，亚历山大率领军队离开中亚，向印度进发。亚历山大在这些地区的军事活动并不很成功，当地人民的反抗使他只能占有一些临时性的据点。此时长期疲惫作战的军队，已成强弩之末。由于对印度气候的不适应和军中瘟疫流行，士兵们开始拒绝前进，他们纷纷举行集会，甚至哗变，要求撤军回家。在这种情形下，亚历山大决定只留下一部分人驻守战略要地，将大部分军队撤出印度，至此，亚历山大历史性的东征宣告结束。

公元前 323 年 6 月 13 日，亚历山大大帝在盘算进攻阿拉伯地区的前夕，因染恶性疟疾死去，年仅 33 岁。亚历山大死后，他通过军事征服建立起来的帝国很快崩溃，希腊城邦也很快掀起叛乱。流亡在雅典的底比斯人组成一支军队，袭击了马其顿军队。在雅典，反马其顿派认为亚历山大之死应验了他们的心愿，许多人头戴花环，大摆宴席。雅典的民主派在公民大会上宣布要为争取希腊自由而战。雅典与中希腊以及伯罗奔尼撒一些城邦组成反马其顿联军。雅典本身拥有由列奥斯特涅斯率领的 8000 人的雇佣军，击溃马其顿的盟军鲍伊奥提亚人，占领了温泉关。不久又击败马其顿将领安提帕特（Antipatros）率领的马其顿军，将其围困于拉米亚。但是后来雅典未能继续取得胜利，反马其顿的诸城邦互相猜忌，不信任列奥斯特涅斯，各自为政。这样，当马其顿军从亚洲赶来时，马其顿军与希腊联军会战于克拉农谷，列奥斯特涅斯战死，马其顿军获胜。雅典海军又败于阿莫尔戈斯，希腊一些城邦不得不与安提帕特讲和，雅典最后也被迫投降。

安提帕特严厉地处置了雅典。为了肃清“不安分的”穷人，他下令将家产不足两千德拉克马的市民迁到色雷斯并剥夺其公民权，将公民权限于有两千德拉克马以上家产的市民。结果 2.1 万多名市名中获公民权者仅有 9000 余人。马其顿还废除了雅典的民主政治，建立寡头政治。这场为了争取自由与独立的反马其顿运动，最终失败。

亚历山大大帝死后的近半个世纪里，马其顿和希腊是马其顿将领争权夺势的主要战场，这里的统治权也曾多次易手。亚历山大大帝死后，马其顿和希腊的统治权掌握在东征时期留守马其顿的将领安提帕特手中。公元前 319 年安提帕特死后，其子卡山德（Cassander）通过战争获得了希腊的统治权。公元前 298 年，卡山德去世，经过激烈争夺，希腊的统治权落入亚历山大的将领安提柯（Antigonus）之子德米特里（Demetrius）手中。公元前 285 年，居于多瑙河流域的凯尔特人自西北侵入马其顿、色雷斯，其中一路侵入宗教圣地德尔斐。以埃托利亚人为主的中希腊各邦在“希腊救亡”的口号下，击退了凯尔特人。

公元前 277 年，德米特里之子安提柯·贡那特（Gonatas）利用希腊各邦的胜利，在赫勒斯滂海峡附近给了凯尔特人以致命一击，取得辉煌胜利。次年，他被宣布为马其顿国王，建立起安提柯王朝。为了巩固对希腊的统治，安提柯·贡那特向希腊各地派遣驻防军。从此，这个占有 7.5 万平方公里领土的王朝统治了百余年。

公元前 2 世纪，罗马在西地中海地区迅速崛起，希腊人开始将罗马视为威胁。公元前 215 年，希腊部分城邦与迦太基结盟对抗罗马，罗马不断对马其顿用兵，希腊人最终在公元前 146 年的科林斯战役中被击败。罗马彻底摧毁和掠夺了科林斯城。从那时起，希腊被罗马统治，但大部分希腊文化保持不变，并对罗马文化产生了重大影响。

亚历山大大帝之后的古希腊时期被称为希腊化时代。在此期间，希腊城邦衰落。希腊文化的中心转移到世界其他地区，包括亚历山大大帝建造的亚历山大（埃及）、安提柯（土耳其）和以弗所（土耳其）等城市。在亚历山大建立的城市中，他留下的士兵占了人口的大多数，他们的官方语言是古希腊语，政府官员、议员、收税员也都以古希腊语作为官方语言。几十年后，古希腊语就像现在的英语一样成为一门世界性的语言，从西班牙到印度，各个国家都以古希腊语为其官方语言。古希腊的艺术和思想现在随处可见，土耳其以弗所的阿耳忒弥斯神庙等古希腊女神的神庙和埃及亚历山大灯塔等希腊风格的建筑遍布亚洲和北非地区。

第二章 古希腊著名政治与军事家

一、第一位僭主——庇西特拉图

在平民反对贵族的斗争过程中，许多城邦都曾出现过“僭主政治”。这主要是因为在平民与贵族斗争时，一些贵族政治家自称可以代表平民的利益，因此得到了平民的拥护，在平民的支持下，他们压制或放逐其他贵族，取得了对城邦的统治权，成为“僭主”。

庇西特拉图画像

庇西特拉图（Peisistratus）是继梭伦之后更为激进的政治家。公元前600年左右，他出生在雅典一个贵族家庭，其父名叫希波克拉特斯，母亲为梭伦的亲戚，庇西特拉图是梭伦的表弟，两人友情甚笃。

庇西特拉图富有权谋，勇武善战。他的发迹始于公元前570年对麦加拉战争的胜利。在指挥雅典人攻占尼塞亚城的战争中，他立下了汗马功劳。当时雅典政治斗争十分激烈，集中表现为平原党人（代表占有大量土地的贵族）、海岸党人（代表与海上贸易相关的工商业者）、山地党人（代表底层农牧民）三个派别之间的斗争。三派斗争异常激烈，以致有时候一连数年选不出一个执政官，有时执政官任满之后又拒绝交出手中权力，直到被迫离职为止。公元前579年，由于各方争执不下，结果选出了十个执政官（本应是九个），其中贵族五名，农民三名，工商业者两名。山地党人推举庇西特拉图充当他们的领袖，夺取雅典政权，以解决土地问题。

公元前560年的一天，庇西特拉图故意弄伤自己的身体和几匹牵引大车的骡子，赶车进入市中心广场，向市民宣布，他的政敌企图在他回乡下的路上阴谋把他杀死，差一点成功，他以功臣自居，要求人们不要忘记过去的战功，应当给他一支卫队予以人身保护。后来公民大会在山地党人的压力下批准了他的请求，允许他有以木棍为武器的50名卫士做随身卫兵。庇西特拉图有了这支卫队，就不顾当时已从海外归国的梭伦的反对，悍然发动政变，占领了卫城，初次当上了雅典的“僭主”。僭主本来是国王的另一种称谓，后来演变为凭借武力而不是选举建立的个人独裁。

庇西特拉图执政以后，对梭伦的法典“很少变更”。执政官照样选举，贵族会议、四百人会议和公民大会照常举行，陪审法庭照旧审案，甚至庇西特拉图也严格遵循法律办事。他在雅典的统治只维持了五年，大约到了公元前656年，平原党人和海岸党人联合起来把他赶下了台。

但不久，雅典的政治派别竞争又激化起来。海岸党人的领袖墨加克勒斯对这一斗争十分头痛，在公元前549年不得不叫庇西特拉图回来重新当统治者，条件是庇西特拉图必须娶他的女儿为妻。庇西特拉图应允，于是两人一起研究复辟的办法，他们先让一些支持者在雅典城内广为宣扬，说雅典娜女神将亲自把庇西特拉图送回雅典，然后，叫一个色雷斯卖花女装扮成雅典娜模样，与庇西特拉图同车直入雅典。后来，这个办法果然成功了，不过，庇西特拉图入主雅典后，虽不得已与墨加克勒斯的女儿结了婚，却没有夫妻之实，这一下可激怒了墨加克勒斯。后者又与平原党人携起手来逼庇西特拉图下台。庇西特拉图见势不妙，不得不在当年再次出奔外邦。

为了东山再起，庇西特拉图在侨居国外的10年时间里做了多方面的准备。他流亡到色雷斯境内，在那里开采金矿，然后出资招募雇佣军。此外，他广泛结交古希腊城邦的上层人物，取得了他们的支持。大约在公元前539年，庇西特拉图在底比斯、阿戈尔斯等城邦的支持下，率军向阿提卡半岛发动攻击，很快攻占了马拉松。顿时，山地党人纷纷响应，赶来支援，汇成了一股巨大的力量。庇西特拉图随即全力向雅典进军，很快夺取了政权。

这一次，庇西特拉图才算是真正执政，之后一共执政13年，加上以前两次短期执政时间，共19年。他在第三次执政中，在经济、政治、思想文化诸方面制定和推行了比梭伦更为激进的政策，主要表现为打压贵族势力，保护农民利益。由于惧怕庇西特拉图的报复，许多贵族选择流亡，还有一些贵族被强制放逐。庇西特拉图将这些流亡贵族的土地分配给没有土地或者只有少量土地的农民，并降低了农业税，还实施农贷制度，资助贫民经营，扩大对工商业有利的橄榄和葡萄的种植，从而增加农民的收入。他还设置了巡回法庭下到农村就地处理诉讼事件，以节省农民的时间和精力。有时候，庇西特拉图也微服出巡，亲自到农村访察民情。

庇西特拉图还身体力行，带头维护法律的尊严。据史料记载，有一次，他被人指控犯了杀人罪，传他到贵族会议去受审。他得知这一消息后，并没有因为自己是统治者而气急败坏地把指控者抓起来，反而亲自出庭，依法申辩，这样一来，倒弄得审讯的人害怕了，反而逃跑了。

庇西特拉图认识到，仅仅依靠山地党人的支持不可能建立巩固的统治，要想巩固自己的地位，必须为海岸党人发展工商业踏踏实实地做点事情。要想使工商业获得较大的发展，必须在国外开拓市场。于是庇西特拉图大力发展造船业，建立了一支战斗力较强的海军。依靠这支海军，雅典占领了赫勒斯滂海峡。

赫勒斯滂海峡是地中海通往黑海的咽喉，只要占据了它，就能控制黑海地区的市场。雅典的各种输出品可以顺利地运销到黑海沿岸，精美的瓷器远销海外，甚至到达了埃及，黑海地区的粮食也可以源源不断地运往雅典。在城市规划方面，庇西特拉图也有许多举措，他兴建修葺了一些神庙，建立起不少宏伟的公共建筑。为了改善雅典的供水状况，他开凿了一条水渠，将山泉水直接引入雅典城内。

此外，庇西特拉图在文化教育方面也做出了贡献，他力邀古希腊其他城邦的艺术家、作家等文人名士前来雅典访问。他对宗教节日也特别热心，不仅高规格举办泛雅典娜节，还促使本来只是地方节日的酒神节成为雅典的全国性节日。

由于庇西特拉图推行平民政治，雅典迅速繁荣富强起来，进入了当时雅典人所说的美好的“克洛诺斯的黄金时代”。庇西特拉图于公元前 527 年去世，政权落入他的两个儿子希庇亚斯（Hippias）和希帕克斯（Hipparchus）手里。他们又执政了 17 年，后来骄奢日甚，大肆迫害政敌，引起民众的不满。公元前 510 年，雅典受到斯巴达军队袭击，希庇亚斯逃往波斯。

庇西特拉图统治的 20 年时间，是雅典发展史上的重要时代。在这个时期，后来雅典赖以称霸的经济、文化和政治基础得到充分的发展。

二、毁誉参半的军事家——特米斯托克列斯

特米斯托克列斯（约公元前 528—前 462 年），公元前 5 世纪雅典政坛上的风云人物。对于希腊来说，那是一个风云激荡的时代，也正是希波战争处

于决定意义的阶段。

特米斯托克列斯的父亲虽然富有，但不属于雅典最显赫的望族。他的母亲不是雅典公民的后裔，由于母亲来自异邦，特米斯托克列斯在青少年时代曾遭到名门子弟的歧视。

特米斯托克列斯方柱形胸像

特米斯托克列斯从小聪颖机智，富有辩才。人们经常发现，他在课业之余，或者是在苦苦思索，或者是在演习法庭中起诉和答辩。对于他认为用处不大的课目，则采取敷衍了事的态度。因此，他的老师对他说："你这个小孩将来一定会成为伟大的人物，或者造福，或者作乱。"

公元前 493 年，特米斯托克列斯当选为次年的执政官。他的当选与他在公元前 494 年倡议上演悲剧《占领米利都》有关。剧中关于波斯人在米利都的暴行和战败者的悲惨遭遇的描写，使观众大为震动。尽管剧本作者被课以巨额罚款，特米斯托克列斯却赢得了反波斯侵略斗士的美名。

考虑到加强海军对于雅典的重要性，当选执政官后，特米斯托克列斯开始增建比雷埃夫斯港的防御设施。拥有约 2500 平方公里国土的雅典，按面积而论是仅次于斯巴达的希腊城邦。它由于土地贫瘠，人口众多，具有漫长的海岸线和天然良港，早在公元前 7 世纪即已逐步走上向海外扩张的道路。但是，直到公元前 5 世纪 80 年代初，它的海军力量仍然弱小得可怜。公元前 487 年，当雅典和埃吉那发生冲突时，雅典不得不向科林斯借了 20 艘军舰。曾在马拉松英勇战斗过的特米斯托克列斯敏锐地觉察到，波斯人在马拉松战役的失败并不是希波战争的结束，而是更加激烈的战斗的开端。要拯救雅典，非大力发展海军不可。但是，为了发展海军，一要筹措大笔经费，二要克服传统的重视陆军的习惯势力。

从公元前487年开始，特米斯托克列斯的政敌接连因陶片放逐法遭到流放，特米斯托克列斯巧妙地利用了雅典人与拥有强大海军的近邻埃吉那的敌对关系，说服了公民的大多数，把新发现的丰富银矿的收入用于建造军舰，而不是像往常那样把钱分给每个公民。他把这样得来的100塔兰特分发给雅典的100名最富有的公民，每人1个塔兰特，责成他们每人建造一艘三列桨战舰，不足款项由他们自己补贴。到波斯人再次入侵前夕，雅典人已经拥有当时希腊诸城邦中数量最多的新式军舰，总数达200艘左右。

公元前480年，当波斯人的大军从水陆并进直逼阿提卡的时候，特米斯托克列斯表现出了卓越的领军政治才能。根据他的提议，雅典公民大会通过决议，让所有流放者回国，参加保卫祖国的战斗。虽然斯巴达人只有十几艘军舰，但他主动把希腊盟军中对海军的最高指挥权让给斯巴达将领，以增强反抗波斯同盟内部的团结。但是由于斯巴达人不善于指挥海军，所以处处要向特米斯托克列斯请教，因此他实际掌握了海军的统帅权。在保卫温泉关的战斗中，他负责指挥驻在阿尔特米西昂的雅典舰队，从海上迎击波斯军队。当温泉关失守之后，他出色地组织了雅典公民的大撤退。

在萨拉米斯附近同波斯海军的决战中，他施展计谋诱使波斯人在最有利于希腊人的地方开始海战，将大约600艘波斯军舰诱入雅典外的萨拉米斯湾，然后一举歼灭。萨拉米斯海战的胜利给特米斯托克列斯带来了极大的荣誉，他一度成为当时希腊最显赫的人物。当特米斯托克列斯访问斯巴达时，他受到了“绝无仅有”的礼遇。斯巴达人赠予他一顶橄榄冠，褒奖他的智慧和果敢。当他离开时，斯巴达派了300名显贵的斯巴达人把他送出国境。

在公元前480年和前479年，波斯人两度占领雅典。当他们第二次撤出雅典时，放火把城中的建筑物烧了。特米斯托克列斯鉴于数十年前斯巴达人一再派兵干涉雅典的内政，以及在与波斯人的斗争中斯巴达人的种种表现，认为尽快修起卫城的城墙是当务之急。因为在当时那种以重装步兵为主要陆军兵种的情况下，要攻克筑有坚固城墙的堡寨是十分困难的事。

城墙在特米斯托克列斯当政时开始修建，屡加扩充，在伯里克利时期最后建成，极大加强了雅典抵御外敌的力量。因此，当斯巴达人在伯罗奔尼撒战争中战胜雅典人之后，提出的和约的重要内容之一，就是雅典必须拆除卫城和比雷埃夫斯港的城墙。

公元前 470 年左右，由于雅典人害怕出现一个军事独裁者，特米斯托克列斯被以陶片法的形式放逐。不久，又有人控告他私通波斯叛国。特米斯托克列斯断定返回雅典受审一定凶多吉少，因而辗转逃亡，屡历艰险，最后到达波斯，投奔了波斯国王。

特米斯托克列斯在波斯得到了国王的礼遇。国王把小亚细亚的三个城市交给他治理。据他的传记作者普鲁塔克说，当波斯国王要他为进攻希腊出谋划策时，他服毒自杀了，以此表明他虽然被迫离开了雅典，但不甘充当反对祖国的罪人。

刻有特米斯托克列斯名字的陶片

三、雅典战神——客蒙

客蒙（Cimon）是古希腊雅典城邦的一位政治领袖，他是马拉松战役的主要指挥者米尔提阿德斯的儿子。米尔提阿德斯也当过雅典的执政官，后来成了在色雷斯的殖民地赫尔松涅索斯的僭主。米尔提阿德斯娶了色雷斯国王的女儿赫格西皮列为妻，客蒙即是赫格西皮列所生。

和客蒙同时代的一位诗人说，客蒙对当时一般希腊人研习的技艺丝毫不感兴趣，也不喜欢舞文弄墨。他不善言辞，耽于酒色，但豪放豁达，待人诚挚。

公元前 480 年，在萨拉米斯战役前夕，当大多数雅典人舍不得离开世代居住的故土的时候，客蒙毅然支持特米斯托克列斯弃城到海上决战的计划。普鲁塔克非常生动地记述了当时客蒙的行动。他写道，当大多数雅典公民因特米斯托克列斯的大胆计划而感到震惊的时候，客蒙在同伴们的簇拥下，满面春风地出现在雅典卫城之中。他把手中拿的马嚼子献给雅典娜，取出庙中悬挂的一面盾牌作为武器，毅然下海，为众人做出了无畏的榜样。在萨拉米斯战役中，客蒙因作战勇敢而赢得了大众的信任。不久，他便担任“将军”的职务。此后的漫长岁月中，客蒙戎马倥偬，为雅典立下了巨大战功。

位于塞浦路斯拉纳卡的客蒙胸像

公元前 5 世纪 70 年代和 60 年代初，客蒙在色雷斯、小亚细亚和爱琴海等地参加了一系列战役，把波斯人赶出了希腊，并且粉碎了他们的战略反攻。

公元前468年，在埃于吕麦顿河口，客蒙又一次赢得了巨大胜利。当他得知波斯人在埃于吕麦顿河口集结了大批陆军和海军的时候，便急速率领200艘战舰赶往那里。这种战舰经客蒙加以改进，速度快，能容纳更多的重装步兵，因而具有更强大的战斗力。他先是用围困的办法迫使忠于波斯的一个希腊城邦投降。接着，在海战中大败波斯军，俘虏和击毁了约200艘敌舰。当敌人弃船奔逃时，他又趁势追击，大败波斯陆军。在这一战役中，仅俘虏就有约2万名，所获财物不计其数。他的军事指挥艺术和勇敢精神给希腊民众留下了深刻的印象。

在向斯巴达人夺取反波斯希腊盟军的领导权，建立、巩固提洛同盟的过程中，客蒙发挥了巨大作用。当斯巴达统帅专横跋扈，屡屡欺凌希腊同盟国的时候，客蒙约束雅典军队严守纪律，勇敢作战，谦恭对待盟友。对波斯的战争胜利，使越来越多的原先依附波斯的希腊城邦加入了提洛同盟。

征战胜利使客蒙成了雅典的豪富，他乐善好施，尽力博取公民们的欢心。根据普鲁塔克的记载，客蒙命令拆除自家园子的篱笆，以便每个人都可自由取用他家园内生产的水果。他家经常备有现成的饭菜，虽不丰盛，但是足以充饥，任何穷人都可自由地出入他家用餐。他经常带着几名衣着华丽的仆役外出，倘若路遇穷人，就令仆人与所遇到的人互换衣服。

客蒙执行了在雅典大兴土木的政策。他步特米斯托克列斯的后尘，续建了雅典的城墙，此外还兴建了一些供公民娱乐的场所，并在城市广场中广植树木。在他的关怀下，位于雅典城西北郊昔日荒凉缺水的阿加德米（Academy）变成了绿树成荫、拥有良好的林间道路的休憩场所。柏拉图创建的著名学府，后来就设在这里。

客蒙推行的对外政策的一个重要方面，就是与斯巴达友好相处。他从青年时代起就是斯巴达的狂热崇拜者，经常在雅典人面前称赞斯巴达。

公元前465年，斯巴达发生了一次空前剧烈的大地震，损失极为惨重。

许多住在斯巴达的公民死亡，房屋绝大部分倒塌。备受剥削和压迫的希洛人利用斯巴达人当时的困难处境，掀起了大规模的起义。一部分没有公民权的自由人也参加了起义。起义者以伊托麦山为根据地，经常四处骚扰。斯巴达人对此根据地久攻不克，被迫向其他城邦求援，其中包括雅典。

在雅典的公民大会中，围绕着应否向斯巴达派出援军的问题，展开了激烈的辩论。埃菲阿尔特斯等人竭力反对，指出斯巴达多方与雅典作对，正好利用这个机会，使它衰落下去。客蒙利用他的巨大威望，终于使公民大会通过决议，派 4000 名重装步兵支援斯巴达人。以客蒙为首的援军，对于挽救斯巴达的危局发挥了重要作用。但以善于攻城著称的雅典重装步兵，也长时间没能攻下伊托麦山希洛人的要塞。心怀疑惧的斯巴达人，借口已不需要雅典人的帮助，把客蒙打发走了。斯巴达与雅典的暗中摩擦从此变为公开的对抗，客蒙的政治声誉更因此而一落千丈。

不久，由于雅典城内反斯巴达的激进民主派系掌握了权力，客蒙因陶片放逐法而遭到流放。他大约在放逐期满的公元前 451 年回到雅典。不久，他在攻打塞浦路斯的过程中，病故于军中。

四、雅典中兴之主——伯里克利

伯里克利是古希腊著名的政治家，出身贵族，其父曾任雅典舰队的司令官，其母为雅典民主政治的奠基人克利斯提尼的侄女。伯里克利从小师从一些雅典最好的老师，学习了音乐、政治、伦理和哲学等学科。伯里克利的相貌酷似庇西特拉图，尤其是他动听的嗓音和雄辩的才能令见过他的人惊讶不已。

公元前 472 年，伯里克利初露头角，出资承办埃斯库罗斯（Aeschylus）所著《波斯人》一剧的演出，该剧讲述了雅典在萨拉米斯战役中击败波斯军队的故事。伯里克利执政期间又通过给贫苦公民以观剧津贴、举行节日音乐竞赛和修筑奏乐馆等措施支持戏剧事业。

伯里克利雕像

公元前466年后，伯里克利成为雅典民主派的代表。他廉洁奉公，慎思明辨，多才多艺，在雅典公民中拥有很高的声望。

公元前462年，客蒙率军援助斯巴达镇压希洛人起义。伯里克利趁机掌握政权，进行政治改革。公元前443年至公元前429年，他一直担任十将军委员会的首席将军，成为雅典的实际统治者。在伯里克利的领导下，雅典的奴隶制经济、民主政治、海上霸权和古典文化臻于极盛，璀璨辉煌，雅典民主政治达到雅典历史上的“黄金时代”，即马克思所说的“希腊最高峰的内部繁荣时期”。

从公元前462年的改革开始，雅典公民大会在伯里克利的推动下，逐步通过了一系列的法令和措施，主要有四个方面：(一) 剥夺战神山议事会的政治权力，使之分别归属公民大会、五百人会议和陪审法庭。此后，战神山议事会只审理带有宗教性质的案件。公民大会、五百人会议和陪审法庭完全成为雅典国家的最高权力机关和执行机构。(二) 各级官职向广大公民开放。公元前457年后，第三等级公民取得担任执政官的资格，第四等级公民后来事实上也被允许担任此职。于是，雅典全体男性公民基本上都获得了不受财产限制，通过抽签、选举和轮换的方式而出任各级官职的权利和机会。(三) 实行公薪制。最初，由国家给予陪审法官每日生活津贴，后来薪给制扩大到大多数公职，这就为贫苦公民参加政权管理提供了一定的物质保证。在伯里克利执政时代，雅典每年因担任公职和服军役而从国家领取公薪或津贴者达2万人，占成年男子公民总数的三分之一以上。（四）限制取得雅典公民身份的范围。公元前451年规定，凡父母双方皆为雅典公民者才能获得雅典公民权。

在对待同盟国的态度上，伯里克利所行的却是霸主之道。他建议把提洛同盟的贡款从提洛岛移至雅典，用以重建两度惨遭波斯兵之灾的雅典。对那些企图摆脱雅典控制的盟邦，伯里克利则派兵镇压。

伯里克利的时代是希腊古典文化高度繁荣的时代，古希腊著名的学者文人和艺术大师都荟萃于雅典，聚集在伯里克利的周围，授课讲学，探索宇宙的奥秘和人生的真谛。伯里克利的妻子阿斯帕西娅，才华出众，智慧过人，受到苏格拉底的重视，不少哲学家和艺术家成为她的座上客，很多雅典人包括一些妇女都来向她求教。

公元前431年，伯罗奔尼撒战争爆发，斯巴达大军进入雅典境内。伯里克利对双方的力量对比和优缺点进行了全面的考虑，决定采取退守雅典城垣，避免在陆地上与勇敢善战的斯巴达重装步兵硬拼；发挥海军优势，保证海上交通和侵袭伯罗奔尼撒半岛沿海地区的战略。

在为阵亡将士举行国葬的典礼上，伯里克利发表了具有历史意义的演说。他从根本制度和生活方式上热情地歌颂了雅典的伟大成就，清晰透彻地表述了他的政治理想，同时也在某种程度上总结了他四十年来的政绩。伯里克利明确宣布：“我们的制度之所以被称为民主政治，因为政权是在全体公民手中，而不是在少数人手中。”

然而，意料不到的灾难降临了。在战争破坏和城里难民密集的情况下，公元前430年，雅典突然发生了严重的瘟疫，居民大量死亡。眼看城外田园备受敌军蹂躏，城内病魔肆虐，尸体横陈，雅典人心混乱，怨声四起，一度向斯巴达求和未果。伯里克利的政敌趁机活动起来。他们直接攻击伯里克利，把战争的不幸归咎于他，伯里克利被判罚款。但是，大敌当前，雅典仍需要

《雅典大瘟疫》（油画）

伯里克利的领导。公元前 429 年，伯里克利再度当选为将军。可是，伯里克利不久也被瘟疫夺去了生命。

五、一代枭雄——阿尔基比阿德斯

阿尔基比阿德斯（Alcibiades，约公元前 450—前 404 年）是古代雅典的政治家和军事家，出身于雅典的贵族之家，公元前 446 年他的父亲克列伊尼阿斯在战争中阵亡，伯里克利成了年幼时的阿尔基比阿德斯的监护人。阿尔基比阿德斯是一个天资聪颖、长相英俊但是从小娇生惯养、任性妄为的人。他曾师从苏格拉底，师生之间情谊颇深。他受过良好教育，擅长演说，善于谋划，作战勇敢，但是权欲熏心，追名纵欲，为了个人私利可以放弃一切原

阿尔基比阿德斯雕像

则。由于有钱有势，又有才干，他在青年时代便受到一些人的器重。而他的专横跋扈，也为许多人看不惯。

为了博取声名，阿尔基比阿德斯在一次奥林匹克运动会上派出 7 辆赛车参加，结果一人就赢得车赛中的第一、第二和第四名。这在运动会的历史上是空前的。

阿尔基比阿德斯生活奢侈无度，挥金如土，他的衣、食、住、行均极尽豪华。他马厩里的马不止一次在奥林匹克的赛马中获胜，而且赛后每每要大摆宴席，以示庆贺。当官方为战争募捐经费时，他的捐款总是要压倒他人。性格豪爽、放浪不羁的阿尔基比阿德斯一时成为雅典人的青春偶像。

公元前 424 年，阿尔基比阿德斯在伯罗奔尼撒战争的一次战斗中掩护苏格拉底等人撤退，尽管敌人攻势猛烈，他也毫不畏惧。在伯罗奔尼撒战争的第二阶段，也就是公元前 415 年雅典人组织远征西西里岛以及此后的十多年间，阿尔基比阿德斯成为希腊政坛的风云人物。按照普鲁塔克的说法，阿尔基比阿德斯的家庭背景、财富以及其在战斗中表现出的勇敢、众多的亲朋对他的支持，为他在政界的飞黄腾达创造了良好的条件。

公元前 415 年，他当选为十将军之一。刚一上任，他便运用他的影响力把阿尔戈斯、曼提尼亚等城邦拉到了雅典这边，使它们成了雅典的同盟者。

在西西里远征军出发之前的一个夜晚，在雅典城内各个十字路口的赫尔墨斯（Hermes）神像大多被人破坏。这一亵渎神祇的行为在迷信思想严重的雅典人中间引起了严重的不安。为了追查肇事者，城邦鼓励告密，公民也好，异邦人也好，奴隶也好，均可自由检举。这样一来，株连日广。阿尔基比阿德斯也是被控者之一。他要求在出发之前必须弄清他究竟与这一案件有无牵连。根据现有的史料，在这一事件中，阿尔基比阿德斯大概率是蒙冤获罪，但是因为他一贯放荡不羁，使得诬陷他的人可以找到不少轻信者。

阿尔基比阿德斯刚到达西西里，就被传召回国受审。他深知回国必然凶多吉少，便在中途逃跑了，先到阿尔戈斯，旋即转赴斯巴达。他在审判中被判处死刑，没收了全部财产。一心幻想着创造帝国光荣的阿尔基比阿德斯因所谓的不白之冤而沦落他乡，成为逃亡者，心里只剩下仇恨。他愿为斯巴达效劳来推翻雅典，并以贵族政治取代那里的民主政治。他向斯巴达人揭示了雅典远征的战略意图并且提出了对付雅典人的有效办法：增援叙拉古，围困雅典城，瓦解提洛同盟。斯巴达采纳了他的建议，给雅典造成了极大的损失。

据普鲁塔克说，阿尔基比阿德斯适应环境的能力，即使是变色龙也望尘莫及。这个挥金如土的富豪，到了斯巴达却对大麦饼、清水汤甘之如饴，一身典型的斯巴达人装束。他很快得到当局的信任，并被委以重任。

阿尔基比阿德斯的得势在斯巴达引起了广泛的猜疑和嫉妒，斯巴达国王下令把他处死。但是善于察言观色的阿尔基比阿德斯早就对斯巴达人有所防备，在他们动手之前，他就逃到波斯。他向波斯人建议，为了波斯的利益，应该让斯巴达和雅典两败俱伤，因此不应该一味援助斯巴达攻击雅典，他的这个意见被波斯人欣然采纳。

在波斯人的默许之下，阿尔基比阿德斯开始与驻在萨摩斯岛（Samos）的雅典将军接触，表示愿意争取波斯驻小亚细亚的总督转向雅典一边。还说，只要能够废除对他的不公正判决，他就打算返回雅典，大多数雅典将领同意他的意见。

公元前 411 年 5 至 6 月间，雅典发生了寡头政变，驻在萨摩斯岛的雅典海军拒绝承认政变当局，选举了民主派的人担任将军的职务。新的舰队领导人邀请阿尔基比阿德斯到萨摩斯岛，共商国是。公元前 411 年 8 月，他来到萨摩斯岛，答应争取波斯人的支持，推翻雅典的寡头政权。后来他被选为将军，实际握有雅典的最高权力。

在阿尔基比阿德斯的指挥之下，雅典舰队于公元前 411 年和公元前 410 年，先在阿比多斯，后在居齐科斯重创斯巴达海军，夺回了对通向黑海的海峡的控制权。战场的胜利促进了寡头政权的垮台，公元前 410 年夏天，民主政体得以恢复。

公元前 407 年，阿尔基比阿德斯回到雅典，受到了非常隆重的欢迎。雅典人把他看成能够左右乾坤的人物，选举他担任拥有全权的将军，统领军务。

公元前 406 年 3 月，斯巴达军队统帅吕山德（Lysander）利用阿尔基比阿德斯为了征集粮饷而短期不在军中的机会，在诺提昂海角打了一次胜仗，使雅典人损失了 15 艘战舰。这一失利本来不是由于阿尔基比阿德斯的过错，可是雅典人却怪罪于他，罢了他的官，他感觉要大祸临头，便自动流亡。

斯巴达人在伯罗奔尼撒战争中的最后胜利引起阿尔基比阿德斯的不安，他害怕落入斯巴达人之手。于是，他携带部分财物离开色雷斯，最后被波斯人杀死。

六、雅典的克星——吕山德

吕山德出身于斯巴达贵族家庭，公元前 407 年，吕山德就任斯巴达海军统帅之职，得到了充分发挥他军事和外交才能的机会。在最后战胜雅典、结束伯罗奔尼撒战争的过程中，他成为举足轻重的人物。

吕山德深深懂得，要彻底战胜雅典，必须建立强大的海军。而组织和维持庞大舰队的钱财，斯巴达本身无力负担，也不能靠向盟邦强行索取，只能依赖波斯人的慷慨资助。他一上任，就在以弗所扎营，命令在这里大力建造三列桨战舰。当他得知波斯国王的儿子小居鲁士被任命为小亚细亚的总督后，立即亲赴萨尔迪，以谦卑顺从的态度博得年轻王子的欢心。坚持推行使雅典和斯巴达两败俱伤政策的波斯人，一下子就给了他大笔钱财。吕山德马上提高海军中雇佣水手的薪饷，这样一来，便把雅典海军中的许多雇佣水手都争取了过来。

吕山德任期届满被召回国，接替他的是卡利克拉提达斯。临行前，吕山德故意给他制造麻烦。一方面，他交代说，应该注意士兵的薪饷和给养；另一方面，他又把手中剩余的钱全部退还给小居鲁士，并且告诉卡利克拉提达斯，如果需要用钱，可以亲自去小居鲁士那里索取。

卡利克拉提达斯转而利用从米利都的富人们那里弄来的钱扩充舰队，主动向驻扎在萨摩斯岛的雅典舰队进攻，使雅典人损失了30艘战舰。接着，他把雅典舰队围困在莱斯沃斯岛。当雅典人得知舰队被围的消息后，采取一系列非常措施迅速装备了110艘战舰，加上盟邦的40艘，紧急开赴莱斯沃斯。公元前406年，在阿尔基努萨伊群岛附近，雅典海军大败斯巴达舰队，斯巴达方面损失战舰70艘。卡利克拉提达斯也在此役中阵亡，海上的优势重回到雅典手中。

阿尔基努萨伊海战的失败震动了整个伯罗奔尼撒同盟，特别是使那些背离了雅典的城邦惊恐不安。希奥斯人和其他雅典过去的盟邦纷纷派使者到斯巴达去请求恢复吕山德的舰队指挥权，波斯王子小居鲁士也提出了同样的要求。

按照斯巴达的法律，一个人不能两次出任海军统帅。但是斯巴达政府想出了变通的办法，任命吕山德为海军统帅的助理，但实际上让他掌握指挥舰队的大权。

公元前405年夏末，善于把握战机的吕山德发现雅典人在赫勒斯滂海峡沿岸没有设防，便立刻集中全部兵力驶向支持雅典的拉姆普萨科斯城，从海上对它进行包围，并在陆军的配合下攻占了该城。

得到拉姆普萨科斯城陷落的消息后，一支拥有180艘战舰的强大雅典舰队立即赶往坐落在色雷斯与拉姆普萨科斯隔岸相对的羊河。吕山德知道一场决战已在所难免，决定以逸待劳，以守为攻，静候时机，出奇制胜。

在雅典舰队到达羊河的次日黎明前，他命令全部水兵和舵手上船待命，陆军也在岸上布成战斗队形。太阳刚刚出来的时候，雅典的全部战舰以密集的队形冲来。当他们看到吕山德在海上陆上早已做好准备的时候就犹豫了，不敢贸然冲锋，只是大喊大叫，企图使吕山德起锚应战。吕山德命令战士保持镇静，不准他们与敌人接战。雅典人经过将近一整天的挑战后驶回原地过夜。吕山德在探知雅典人已确实回到羊河登陆休息后，才下令让自己的士兵休息。接连4天都是这样度过，这使雅典人滋长了骄傲轻敌的心理。

第五天，当雅典人照旧冲来挑战并照旧傲慢地叫喊着驶回时，吕山德命令侦察船跟踪敌人，一见到敌人登陆就全速返回，并在船头上举起一个发光的盾牌作为进攻的信号。他亲自乘船在四周游弋，命令所有士兵做好出击的准备。一看到侦察船上发出的可以进攻的信号，他马上命令全部舰只全速向雅典驻地进发。雅典的将军科农最早发觉斯巴达舰队的迅速临近，急令士兵登船迎战。但是由于雅典人根本没有想到敌人会在这个时候进攻，科农的努力完全归于徒然。许多战舰上空无一人，在战舰上的人也不知所措。结果是，一部分没有人的战舰被斯巴达人俘获了，另一部分被斯巴达人破坏了。斯巴达人登岸追击雅典人，庞大的雅典舰队顷刻就被吕山德歼灭，只有9艘舰船得以幸免，被俘的3000名雅典人全部被处死。羊河之战消灭了称雄数十年的雅典海军，基本上决定了雅典在伯罗奔尼撒战争中最终失败的命运。

吕山德在雅典城外下令摧毁城墙

由于战争获胜，吕山德和其他斯巴达将领掠夺到大量财富。当他回到斯巴达的时候，带回了整车的金冠。在此之前，他派人送回了约2000塔兰特的巨款。战争使富人更富，同时又使斯巴达内部的贫富分化达到十分剧烈的程度。吕山德的举动引起了斯巴达权贵的怀疑，他们怕他建立个人独裁统治，因此不再宠信他。

公元前395年夏天，由于底比斯人进攻了斯巴达的盟友佛基斯，斯巴达决定要对底比斯人进行惩罚。这年秋天，斯巴达国王帕于山尼阿斯亲领大军出征，吕山德受命率领一支军队去会合佛基斯人以及其他盟邦的军队。他在攻占了列巴德伊亚之后，写信给帕于山尼阿斯，要求后者与他在哈里阿尔托斯城会合。这封信被底比斯人截获，他们立即采取了相应的防范措施。当吕山德带领少数先头部队接近哈里阿尔托斯城墙的时候，城内驻军突然打开城门出击，杀死了吕山德及其随从。

七、抗击马其顿的演说家——德摩斯梯尼

德摩斯梯尼的父亲也叫德摩斯梯尼，是富有的雅典公民。当德摩斯梯尼7岁的时候，他的父亲去世，留下价值不菲的财产，因德摩斯梯尼年幼，就由德摩斯梯尼的表哥作为监护人。到公元前366年德摩斯梯尼成年时，其监护人肆意侵吞他的财产，仅仅交给他一所房子、14名奴隶和一半塔兰特现金，总值仅及他父亲遗产的十二分之一。

为了从监护人手中索回遗产，德摩斯梯尼向当时雅典著名的演说家伊塞学习演说术，与监护人的财产纠纷持续了5年。法庭的胜诉使德摩斯梯尼成了著名律师，但律师的工作并不能使德摩斯梯尼感到满足，他想要成为一名政治家。公元前354年，他开始参加政治活动，在随后近30年的时间里，他是雅典政坛的活跃人物。

为了使自己成为优秀的演说家，德摩斯梯尼进行了非常刻苦的学习和训练。在当时的雅典，要当一名政治演说家，必须声音洪亮，发音清晰，姿势优美，富有辩才，熟悉有关内政、外交、财务、军事等各方面的情况。根据普鲁塔克的记载，德摩斯梯尼最初的政治演说是很不成功的。由于他发音不清，论证无力，听众都把他轰下了讲坛。但失败没有使他气馁，他刻苦读书，学习用简洁的语言表达深刻的思想。他向著名演员请教朗读的方法。为了练嗓子，改进发音，他把小石子含在嘴里朗诵，迎着海风和波涛大声说话。为了克服气短的毛病，他故意一面攀登陡峭的山坡，一面不停地吟诗。他在家里装了一面大镜子，每日对着镜子练习演说。为了克服说话时爱耸肩膀的毛病，他在头顶上悬挂一柄剑或一把铁杈，迫使自己随时注意改掉不必要的动作。他甚至还把自己剃成阴阳头，以便能够安心躲在地下室里练习演说，而不到处乱跑。

当德摩斯梯尼登上雅典政坛的时候，希腊各城邦发生了严重危机。希腊北方的马其顿在国王腓力二世的治理下迅速崛起。包括雅典在内的希腊各城邦内部，在对待马其顿的态度上分成两大派。一派支持马其顿干预希腊事务，是为亲马其顿派。另一派竭力反对马其顿的扩张，维护各希腊城邦的独立，德摩斯梯尼就是后一派的重要代表。

他多次登上雅典公民大会讲坛，声讨腓力二世，为维护雅典的主权而斗争。在一系列演讲中，他力图激发雅典公民保卫城邦的热情，号召全体希腊人团结一致，跟企图奴役希腊人的马其顿国王作殊死的斗争。他指出，马其顿是希腊各邦的大敌。他大声疾呼：“雅典同胞们请看看，腓力这家伙已经狂妄到了何等地步！大家干什么或者不干什么统统由他批准！”“他永不安于已到手的，永远想抓取更多的东西。他正在对我们铺罗设网，四面合围，而我们却还呆坐着不求应付！同胞们，你们究竟要到什么时候才能采取行动？”

演说家德摩斯梯尼

公元前 349 年，马其顿的军队对希腊的重要城市奥林托斯发动了进攻，后者遣使到雅典求援。为了救援奥林托斯，德摩斯梯尼接连三次在雅典公民大会上发表演说，大讲唇亡齿寒的道理，指出希腊各邦只有同心协力才能战胜敌人，呼吁火速干预奥林托斯战争。公民大会接受了派兵救援奥林托斯的建议，但是雅典人行动迟缓，致使马其顿人在奥林托斯的叛徒的配合下于公元前 348 年占领了该城，并且把它夷为平地。

腓力二世在不要赎金的情况下释放了部分在奥林托斯被俘的雅典人，表示愿意同雅典友好。在这种情况下，雅典派遣了包括德摩斯梯尼在内的十人代表团到马其顿议和。公元前 346 年，雅典与马其顿订立了和约。按照和约规定，雅典保留了在北方的居民点，但是色雷斯的沿海地带几乎全部落入马其顿之手。德摩斯梯尼极力反对这一条约，认为它将置雅典于死地，他提醒雅典人不要对腓力二世抱有幻想，但是他的话没有多少人听得进去。

公元前 341 年，德摩斯梯尼发表了最著名的第三篇反马其顿演说。他指出："关于马其顿人的狡猾阴谋是毋庸置疑的，腓力所力求实现的唯一目标是劫掠希腊，夺去天然的财富、商业和战略据点。腓力利用希腊人中间的分裂和内讧作为达到他卑劣意图的手段。"他呼吁，"当雅典的船尚未覆没之时，舟中的人无论大小都应动手救亡。一旦巨浪翻上船舷，那就一切都会同归于尽，一切努力都是枉然。"

在这篇演说中，德摩斯梯尼阐述了自己对雅典政治制度的认识。他认为，雅典的民主制度和公民政治自由具有巨大的力量。国家之所以衰微是因为公民关心社会事业和自我牺牲的精神已经消逝，为不纳税、不服兵役，只是一味希冀国家资助的欲望所取代。他用非常富有感情的词句表达了保卫自由的决心："即使所有民族同意忍受奴役，就在那个时候，我们也应当为自由而战斗！"

据说，当腓力二世见到德摩斯梯尼的这篇演说词时，边读边说："如果我自己听德摩斯梯尼演说，我自己也会投票赞成选举他当我的反对者的领袖。"

德摩斯梯尼的这篇充满爱国激情的演说发生了作用。雅典公民大会决定派出使者联络友邦。公元前 340 年春天，雅典、麦加拉、科林斯等城邦结成了反马其顿同盟。就在这一年，腓力二世对拜占庭进行了长期的围攻。希腊人派军援助拜占庭，并在海战中打败了马其顿人的舰队，迫使腓力二世撤除对拜占庭的包围。但是，德摩斯梯尼的所有努力没有能够制止腓力二世军队在希腊的不断推进。公元前 338 年，在喀罗尼亚发生的决定性战役中，新兴的马其顿打败了缺乏团结一致的希腊联军，德摩斯梯尼以重装步兵的身份参加了这次战役。

公元前324年，德摩斯梯尼因亚历山大大帝的财务官在雅典的行贿案而受到牵连，被判罚款50塔兰特。他因无力偿付这笔巨款，被捕入狱，但他旋即逃亡。几个月后，亚历山大大帝去世，雅典人发动起义反对马其顿的统治，德摩斯梯尼遂被隆重地迎接回国，参与谋划。

公元前322年8月，反对马其顿的起义被镇压下去，德摩斯梯尼在马其顿军队的严密搜捕下，辗转逃避，最后逃到一个小岛上，躲在海神波塞冬的神庙内。公元前322年10月，穷追的马其顿军队包围了这座神庙，再三令他出来投降。德摩斯梯尼眼见无法逃脱，便从容服毒自杀，倒在神坛面前。

公元前280年，雅典人根据他的外甥德摩哈尔的建议，为他建了一尊青铜雕像，上面刻了这样的铭文："德摩斯梯尼，如果你有与你的智慧相当的权力，马其顿人的战神就不可能在希腊握有权柄。"

八、斯巴达的改革家——克列奥麦涅斯三世

克列奥麦涅斯三世（Cleomenes Ⅲ，约公元前260—前219年），古代斯巴达的国王（约公元前236—前222年在位），以其改革著称。

当克列奥麦涅斯继位为王的时候，斯巴达城邦历史本身已经显出了一种悲剧性的特色。斯巴达凭借其强大的军事力量，在公元前5世纪后期的伯罗奔尼撒战争中战胜雅典而成为全希腊的霸主。随着胜利而来的是大量的金银财富，财富的洪流冲垮了斯巴达人原有的生活习气，奢侈享乐、高利贷、土地兼并接踵而来。失去土地因而不能从军的人日益增多，斯巴达的军事力量逐渐削弱。到公元前5世纪，斯巴达先被底比斯打败，失去对美塞尼亚的统治。接着马其顿兴起，它勉强维持了自治的地位。到公元前3世纪初，剩下

的斯巴达公民不过700家，而且其中只有100家是占有土地的。

斯巴达已经走到了山穷水尽的地步，再也难以继续维持了。在克列奥麦涅斯的童年时代，出身于另一王族的国王阿基斯四世（Agis IV，公元前262—前241年）就进行了一次改革。阿基斯生长于巨富之家，18岁登上王位。他一心向往斯巴达往昔的“光荣”，决心改变社会风气，恢复过去的公民人数。为此，他主张废除债务，重分土地，使无地者重得土地从而再得公民权。他说服自己的亲属献出财产，争取了很多青年人的支持。他的办法基本是通过合法的立法途径来进行的。可是，在刚刚废除了债务而未来得及重分土地的时候，他被监察官们派遣带兵出境作战。他一走，作为当时反对改革的富人代表的另一个国王——列奥尼达斯（克列奥麦涅斯的父亲）趁机夺取了权力。阿基斯选择去神庙寻求庇护。列奥尼达斯及其同伙把阿基斯骗出神庙，立即逮捕并以图谋建立僭主政治的罪名交付审判，最终阿基斯和他的母亲、外祖母一同被处死。

阿基斯四世与克列奥麦涅斯三世

公元前235年继位的国王克列奥麦涅斯三世试图效法阿基斯四世，继续他未完的改革事业。克列奥麦涅斯三世吸取阿基斯四世失败的教训，决心以暴力手段推行改革。他率雇佣军杀死四个监察官，取消了监察官制度。然后宣布彻底废除债务，平分土地并吸收一部分庇里阿西人成为公民，使公民人数大大增加。在军事力量加强的基础上，克列奥麦涅斯三世对外实行扩张政策。他多次对伯罗奔尼撒半岛的阿哈伊亚城邦同盟发动战争，大量掠夺财富，为国内的改革提供了财政保证。在克列奥麦涅斯三世的领导下，斯巴达重焕生机，大有重新称霸之势。

阿哈伊亚同盟的领袖阿拉托斯想同克列奥麦涅斯三世修好，却怕斯巴达的改革在阿哈伊亚同盟各邦中流行起来，因为同盟诸邦中的很多贫苦自由民早已跃跃欲试，准备分地废债。最后，阿拉托斯终于觉得贫苦的同胞比马其顿人更为可怕。他不惜认敌为友，向马其顿国王安提柯请求援助。

安提柯自然求之不得，立即出军开进伯罗奔尼撒。在紧急关头，为了联合起来对抗强敌，克列奥麦涅斯三世解放了约 6000 名希洛人，并将其中的 2000 人编入军队。

公元前 221 年，在斯巴达北部的塞拉西亚，斯巴达军队与阿哈伊亚同盟及马其顿联军展开殊死搏斗。斯巴达人英勇奋战，然而终因众寡悬殊，遭遇惨败。克列奥麦涅斯三世逃亡埃及，后来穷途末路，自杀身亡。马其顿军占领斯巴达后，在斯巴达建立了寡头政权，把被没收的土地归还贵族。克列奥麦涅斯三世的改革彻底宣告失败。

第三章 古希腊社会经济

一、土地与农业

古希腊社会认为务农是光荣的，土地早年归自由农民所有。到了古典时代，土地私有制已完全确立。法律规定只有公民可以置备地产，所有的自耕农都已取得土地，自耕农制度普遍建立起来，农村中很少使用奴隶劳动。

由于希腊半岛土地干燥且崎岖不平，土地大多数是岩石，有三分之一的土地不宜耕作，其余或因雨量不足，或因土壤侵蚀，条件也不好，一些人认为只有 20% 的土地能够用于种植农作物。

为补救这种自然缺陷，希腊农民设法筑库蓄水，开渠引水，施肥轮种，以谋保持土质，争取高产。尽管如此，此时阿提卡常年谷物产量仅 67.5 万麦斗，只够本地四分之一人口的粮食消费，其余的都需依赖进口。

好在阿提卡的粮食低产可由丰产的橄榄和葡萄抵补。橄榄树需栽植 15 年才结果，40 年才长足，由于梭伦、庇西特拉图先后提倡种植，到伯里克利时代，橄榄树已蔚然成林。橄榄油有多种用途，它和葡萄酒大量出口足以抵补进口粮食的支出。阿提卡本土所产的谷物、橄榄油、葡萄酒、蜜糖构成居民的食品大宗。

二、矿藏与工业

希腊有丰富的大理石和优质陶土等资源，但其他矿产资源比较缺乏，劳里昂银矿算是雅典的宝藏了。

在古希腊，矿山与矿产权属国家所有，但允许公民租赁由奴隶开采。当时从事采矿的奴隶约有 2 万人，每天工作达 10 小时，昼夜轮班，生产从不停止。奴隶劳动时受工头的严格监督，他们稍一歇息就会遭到鞭笞。如果企图逃跑，即会被套上镣铐，如果逃脱而被抓回，他们的额头上将被加盖烙印。经营矿产获利丰厚，雅典国库靠此得到大笔收入。后来在伯罗奔尼撒战争中，劳里昂银矿被斯巴达人夺去，雅典经济大受影响。公元前 4 世纪时银矿矿脉枯竭，成为雅典衰败的因素之一。

陶器上的古希腊妇女处理毛线图案

冶金工程同样利用奴隶劳动，那时熔炉虽小，但冶炼有方，所铸银币成色可达 98%。其他工业不如矿业那样艰苦，工场与作坊规模不大，一般只有 20~30 人，个别的达 120 人，这些手工业大多是独资经营的，分工较细，但连简单机器也不用，因为奴隶人多而价贱。手工业中以造车、造船、制马鞍、制陶、纺织、皮革、裁缝等较为重要。

纺织主要是一种家庭工业，由妇女从事。比较有特色的是制陶业，古希腊陶器是向地中海诸国出口的重要产品。造船和修船是各港口都有的行业，合金工艺的秘密为同业公会所共同严守。青铜和黄铜用于雕塑、家庭器具和装饰品以及武器和盔胄上。来自色雷斯的黄金和来自劳里昂银矿的白银用于制作首饰。

三、贸易与金融

贸易是雅典主要的财源之一，雅典原来只有自给自足的家庭经济，最早的经济学名词就是家计管理的意思。后来进行就地交易，产生了市场与零售商，包括固定的商店与流动的摊贩，市场上常见自由人、奴隶与商人议价买卖，妇女因为习俗不能上街，家庭采购主要由男性担任。

雅典对外贸易的发展比国内商业更快，因为陆运不如海运方便而价廉。雅典的商船利用风帆与奴隶划桨，载重与运量都很大。雅典人懂得国际贸易的重要意义，政府对此竭力提倡，并提供种种便利，如建设比雷埃夫斯港口，确定统一的度量衡，铸造价值稳定的货币。当时古希腊各邦大多降低铸币的分量与成色，铸造成猫头鹰像的雅典银币信用最佳，被整个地中海世界所通用。古希腊人是第一个以货币经济代替自然经济的民族，国家所有的企业事业都使用金属货币，用通货交赋税代替劳役，用货币资本作为劳动报酬，用货币代替用物品交地租。

古代的雅典从家庭经济进入城市经济，又从城市经济进入国际贸易，以至于它成了东西方贸易的会合点。在比雷埃夫斯港，各国商船云集，运出阿提卡所产的橄榄油、葡萄酒、陶器、大理石、羊毛、武器、美术品等，运入

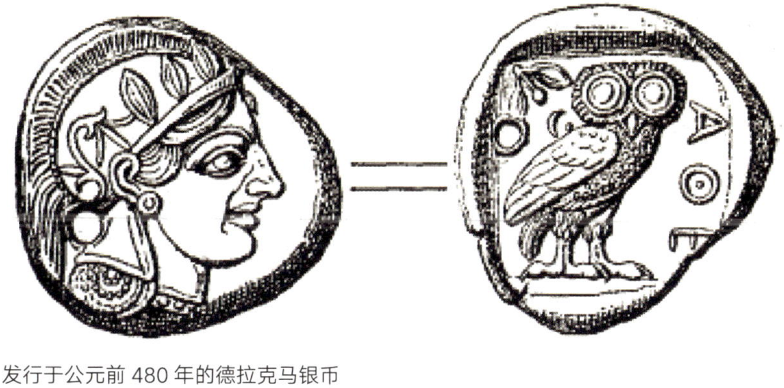

发行于公元前 480 年的德拉克马银币

拜占庭、叙利亚、埃及、意大利、西西里的谷物，腓尼基与意大利的肉类，黑海一带的鱼类，塞浦路斯的铜，黑海沿岸的铁，萨索斯岛与色雷斯的黄金与木材，埃及的玻璃，吕底亚、叙利亚等地的奴隶，等等。随着人口的增长，雅典对外来粮食的需求越来越迫切，一旦对外商运切断，就会发生粮食恐慌。贸易使雅典日益富裕起来，而且伴随着商货交流，促进了雅典文化的进步。

与贸易有关的是金融事业，那时已出现了银行和保险机构，它的发端有个过程，最初人们把放债取息当作不道德的行为，雅典原有窖藏之风，有钱人自己把钱储藏起来，后来有钱人将钱交给庙宇库房代管。有人借钱给亲属朋友不取利息，也有人进行抵押放款收取利息。

最早起银行作用的是庙宇，庙宇接受民间存款，贷给私人或城邦，收取低额利息，有一段时间，德尔斐的阿波罗神庙差不多成了全希腊各城邦的公共银行。私人向政府借款的事是没有的，城邦之间发生借贷关系则间或有之。在公元前 5 世纪，货币兑换商开始接受存款并贷给商人，利率从 12% 至 30% 不等，视风险大小而定，这些兑换商事实上就成了银行家，不过初时还不大用这个名词，通常只称为坐账台的人。

当希波战争刚结束的时候，有个政界要人向科林斯一家银行存了大笔款项。到公元前 5 世纪末，雅典开设了两家规模较大的银行，通过这些银行融通资金，促进了对外贸易事业的发展，古希腊人的这种银行后来传给罗马人，罗马人再一直传下去。

四、城镇概貌

许多希腊城市都位于地中海海岸线附近。虽然古希腊的每个城市都有自己独特的建筑风格，但它们也有很多共同点。在古希腊后期，新的城市被规划成一个网格系统，街道和房屋排成一条直线，以充分利用风、太阳光照和当地的自然风景。

希腊城市通常有城墙保护，雅典有城墙的部分被称为卫城，它坐落在一座小山上，俯瞰全城，如果城市受到攻击，该区域将用作最后的防御区域。人们住在城墙下面的房子和公寓里。在古希腊文明的鼎盛时期，估计有 25 万人住在雅典，雅典周边地区——称为阿提卡半岛——又有 25 万居民。

雅典和古希腊的日常生活大多集中发生在集市（Agora）上。集市就是市场，街上挤满了卖食品、工艺品和其他家庭用品的摊位。在雅典，男人通常负责购物。他们经常在集市上见面，参观并谈论当天的新闻。许多城市在集市上都有铸币厂，他们在那里制作自己的硬币。集市上也有重要的公共建筑、神庙和政府大楼，集市通常是该地区的宗教和文化中心，也是司法机构所在地。当选的官员将在集市附近的议会大楼举行会议。

在集市和卫城周围通常都有神庙。大多数城邦都有一位神，称为守护神。他们设置一个特别大的区域和神殿供他们的守护神使用。守护神包括雅典的雅典娜、斯巴达的阿瑞斯（Ares）和阿耳忒弥斯（Artemis）、奥林匹亚的宙斯和科林斯的波塞冬。

许多希腊城邦都有大型露天剧院，在节日期间举行戏剧演出。一些剧院大到足以容纳 1 万多人。古希腊人还喜欢体育赛事，他们建造了大型体育场和体育馆，还有一些用于举办战车比赛的赛马场。

城市的一些地区被指定为住房。在一些城镇的住房规划中，士兵、工匠、农民分别住在不同地方。古希腊的房屋很朴素，与外界隔绝，但内部却相当开放，并以一个大庭院为中心。

围绕城邦的是一堵高大的石墙，以防御入侵者。有时城墙延伸到城市的海港，以便在围城期间让新的补给品进入城邦。

墓地通常位于城镇外的某处。一些城镇附近还有一个特殊的圣所，圣所是供奉神祇的地方，当有人生病时，他们会去圣所，并试图从众神那里得到

雅典卫城复原图

治疗。人们还可以去圣所听关于他们未来的预言。

雅典人普遍保持热情好客的社会风气，在雅典，若有陌生人登门造访，他们会热情接待；假如来客是由朋友介绍的，他们不仅会好食以待，而且在与客人临别的时候还会赠予礼物。若一个未被邀请的客人与一位被邀请的客人同来，会受到同样的款待。这些与雅典人“同桌共餐的人”永远是他们家里的座上宾。

在雅典，政府与个人都可以举办慈善活动，并设有慈善机构负责照顾外邦人以老、弱、病、贫之人。伤残及阵亡将士的遗孤均由国家出资供养，残废工匠也同样会得到政府的补偿金。有钱的人会在慈善活动中慷慨解囊；而贫困的人若遇天灾人祸，每人每天也可以得到政府发放的补助金。

第四章

古希腊人日常生活

一、农耕与饮食

在古希腊，小麦、大麦、葡萄、橄榄和无花果是主要农作物，最受欢迎的蔬菜是黄瓜、洋葱和生菜，古希腊农民也会种植其他作物，但收效甚微。10 月，作为谷物的作物将被种植，4 月或 5 月是采摘或收获谷物的时间。2 月采摘橄榄，直到 9 月的某个时候才采摘葡萄。古希腊的主要作物是大麦，大麦对古希腊农民很重要，常被用来做粥或面粉，以便古希腊人可以吃面包。大麦也是葡萄酒的重要成分。

古希腊的农场很小，大多数时候，他们只有大约 5 英亩（约 2 万平方米）的土地。古希腊的农民能够购买或制造自己的工具，这些工具有犁、牛、镰刀等。农民用石头碾磨粮食，用牛等大型动物来耕田，为下一次收割做好准备。

大多数农民有马和驴，但它们更多地用作交通工具而不是耕作。鸡和牛羊被饲养以鸡蛋、牛奶和奶酪。大部分葡萄都制成了酒，剩下的被做成葡萄干。橄榄也变成了液体产品，橄榄油用于烹饪，并且也可用作灯的燃料，或者各种美容产品或香皂，用以去除身体上的污垢。

古希腊人通常一天吃三顿饭。早餐是清淡简单的一餐，通常包括面包或粥。午餐也是一顿便餐，他们会再吃一些面包，也会吃一些奶酪或无花果。当天的大餐是晚餐，是在日落前后吃的。在有钱人家的晚宴上，除了主菜前的小吃以外，还有鱼、肉类及蔬菜。在睡觉以前，有时还用夜宵。晚餐有时会是一场漫长的社交活动，会有蔬菜、面包、鸡蛋、鱼和奶酪等各种食物。

古希腊人吃的食物相当简单，他们的主食是谷物，也会吃很多面包，他们会在面包上蘸葡萄酒或橄榄油。一般的平民小户平时常吃用水或奶熬成的大麦粥。

他们还吃很多蔬菜，如黄瓜、豆类、甘蓝、芦笋、茴香、芹菜、莴苣、蚕豆、洋葱和大蒜，无花果、葡萄、樱桃、梨和苹果是常见的水果。食物中主要肉类是鱼，许多古希腊人认为吃肉是野蛮人所做的事情，所以吃肉的人不多，但富人有时会吃一些肉类，包括鸡肉、牛肉、羊肉和猪肉。古希腊人认为喝牛奶很野蛮，所以不喝牛奶，他们会把牛奶做成奶酪。

对古希腊人来说，最重要的食物是橄榄。它不仅仅是一种食物，也是古希腊历史的重要组成部分。古希腊人认为，雅典娜女神在橄榄树最终传播到希腊其他地区之前，将第一棵橄榄树送给了雅典。橄榄被用于许多食谱中，橄榄被压碎，它们的油可用来做灯。橄榄油也可以用作美容产品，女性将其在皮肤上揉搓，使其柔软而有光泽。

蜂蜜是另一种重要的古希腊人食物，它就像我们使用糖一样，在许多不同的食物中作为甜味剂，也可以用作药物。古希腊人喜欢蜂蜜，因为他们相信宙斯在婴儿时期就喝过牛奶和蜂蜜。对他们来说，蜂蜜几乎是神奇的。很多家庭都有养蜂箱，并照顾好自己的蜜蜂。

古希腊人吃的一些食物在我们今天看来可能有些奇怪，包括鳗鱼、小鸟和蝗虫。他们会用面包来泡肉汤或汤。但他们吃的最奇怪的东西是斯巴达人的一种流行食物，称为“黑汤”。黑汤是用猪血、盐和醋制成的。古希腊人大多用手抓饭，有时会用勺子。

古希腊一家人通常不会一起吃饭，男人和女人分别在不同的房间或不同的时间进餐。男人经常会请他们的男性朋友来家里吃饭，这种晚宴被称为“座谈会”，妇女不被允许加入。

古希腊人喝的酒会被淡化，所以不会太浓。他们会喝一种称为“kykeon”的浓粥，其中包括水、大麦和香草。古希腊人用一个称为“kylix”的大而浅的杯子来喝葡萄酒。有时，“kylix”底部会放一张图片，随着从杯子里喝下更多的酒，它会逐渐显露出来。

葡萄酒在古希腊非常重要，它不仅用于饮用，而且是贸易的重要组成部分。雅典是一个非常大的葡萄酒生产国，拥有许多葡萄园。古希腊人非常擅长酿酒，因此他们会与邻国进行葡萄酒贸易，现在法国、意大利、俄罗斯等国家拥有许多不同种类的葡萄酒，这一切都归功于古希腊时代的人们。当人们在古希腊定居生活时，许多人会带上自己的葡萄藤，他们学会了种植野生葡萄藤来酿酒。

此外，古希腊人会用酒来帮助治疗疾病。葡萄酒可以很好地退烧，也可以用来帮助解决人们的消化问题。如果有人生病，医生会开酒的药方，告诉他们喝多少才行。许多古希腊人会在葡萄酒中添加香料，以使葡萄酒变甜，使用的一些香料是草药、香料、油、盐、树脂、海水甚至香水。

二、衣着

一个民族的衣、食、住往往与他们赖以生存的气候环境紧密相关。阿提卡地区的气候极为干燥，冬季里，有一两个月的时间为多雨季节，有时甚至还会下雪；雪融化在平原，留在了山顶。夏季偶尔也会乌云密布，电闪雷鸣，暴雨骤降。但在大部分的时间里，河床干枯，只淌着涓涓细流。在春、夏、秋三季，每天几乎都是晴朗的天气。黎明时，空气凉爽宜人，但升起的太阳很快便使天气变得灼热。午后，气温逐渐降低；傍晚时分，太阳西下，在雅典娜神殿的大理石石柱上留下最后一抹余晖。夜幕降临四野，天际繁星点点，沼泽地里蛙鸣阵阵。

由于希腊天气炎热，古希腊人通常会穿着轻便宽松的衣服，婴儿和小孩甚至根本不穿任何衣服。虽然经常看到穿着全白的古希腊人的画作，但人们相信他们的衣服实际上是非常丰富多彩的，他们有时会用植物和昆虫制成的染料给衣服染色，古希腊的绘画和雕刻作品也展示了带有多种图案的服装。这些服装通常由一种亚麻或羊毛制成，羊毛来自当地绵羊，亚麻则来自埃及。亚麻是一种轻便的面料，非常适合在夏天穿，羊毛更温暖，更适合冬天穿。在古希腊后期，有钱人可以买到用棉和丝制成的衣服。

服装通常由家庭的仆人和妇女在家中制作，用于服装的织物也在家里纺纱和染色。制作布料需要大量工艺，是古希腊家庭妇女的主要工作之一。为了用羊毛制造毛线，她们使用纺锤将羊毛纤维纺成细线，然后用木织机将这些线编织在一起。同一块织物既可以用作衣服，也可以用作床上用品。

古希腊人穿的衣服与现代并没有太大区别，一件衣服通常只是一块正方形或长方形的布，对折后松松地套在身上，肩头别住，腰间系一束带。男人穿的上衣长到膝盖，女人穿的上衣长到脚踝，束腰外衣通常系在腰间。

古希腊女性所穿的典型服装是一种称为佩普洛斯（peplos）的长款束腰外衣。佩普洛斯是一块由羊毛制成的用腰带系在腰间的长布，腰带的一部分被折叠在腰带上，使它看起来好像是两件衣服。有时，古希腊妇女在佩普洛斯里面会穿一件称为希顿（chiton）的较小的束腰内衣。希顿的体积约为佩普洛斯的两倍，它由较轻的亚麻织物制成且通常具有接缝。妇女有时会在她们的佩普洛斯上裹上一层称为希玛纯（ himation）的披风，它可以根据当前的时尚以不同的方式包裹。

古希腊男子的衣服以希顿为主，男人的束腰外衣可能比女人的短，尤其是在他们在户外工作的情况下，男人的外衣可以披在一个或两个肩膀上。希腊男人在骑马或进行其他剧烈活动时，通常在左肩上披着长袍。

古希腊男子平时不喜欢戴帽子，外出旅行、作战或在太阳下工作时才戴点什么。妇女头上有时系一条彩色手帕或发带；工匠有时戴一顶无檐儿帽。

古希腊人在家里一般不穿鞋，偶尔会穿皮革制成的拖鞋或其他软底鞋，他们通常更喜欢赤脚，哲学家苏格拉底就经常赤脚上街。但在出远门的时候会穿靴子或皮凉鞋，男人的鞋的颜色为黑色，妇女穿彩色的鞋，他们从不穿袜子。

值得注意的是，古希腊少年在服饰方面比较讲究，他们穿着五颜六色的衣服，戴着圆环等饰物，披一件长袍，头顶宽边帽子，足蹬长筒靴，手上还要拿一根长棍。

古希腊人的头发大多为黑色，金发极为少见。不管男人还是女人均以金发为时尚，他们往往要把自己的一头黑发染成金色。古希腊男人通常留短发，但他们将头发分开，并在头发上抹上油和香水。妇女留长发，这有助于将她们与剪短头发的女奴分开。女性有着复杂的发型，带有辫子、卷发、头带和丝带等装饰品。头发的样式很多：把头发低低地盘在脑后；或披散在肩头；或绕过脖子垂在胸前。妇女的头发上常系一条色彩鲜艳的彩带，上面饰有宝石。

古希腊到了亚力山大大帝统治时才开始用铁制的弯型剃刀剃胡须，修剪过的胡须呈尖状，非常整齐。理发匠不仅为顾客理发，修剪胡须，还要给他们修剪指甲。

雅典人尤其是妇女，喜欢佩戴首饰装点门面。富有的古希腊人会佩戴由黄金和白银等贵金属制成的珠宝，男人一般只戴一枚戒指，妇女佩戴的饰物

古希腊女子的服装

有耳环、项链、戒指、手镯、脚镯、胸针等，她们有时会将珠宝缝在衣服的面料上，其中最受欢迎的珠宝类型是装饰别针或紧固件，用于连接包裹或斗篷。雅典对这种奢侈浮华的现象曾立法加以限制，并责成专员监督妇女的服装及所佩戴的饰物。但限制奢侈法并未能取得成效。

雅典水资源短缺，大多数人很少洗澡。但他们经常用油和花制成的香水。古希腊妇女特别希望自己的皮肤白净，以表明她不是穷人，也不是必须在外面工作的奴隶。女性会使用化妆品美化皮肤，使其看起来更白。有钱人家的女子每天都要花上很长时间化妆：她们用丹铅、朱草根涂抹面颊和嘴唇；用煤烟灰或锑粉描画眉毛和眼圈；有的人甚至连乳房、腿和脚都要擦拭。

三、家居住宅

一些雅典民居类似于现代公寓建筑物，有几个家庭或租户在同一座大楼，其中每户拥有自己的房间。据古希腊历史学家色诺芬（Xenophon）估计，在他那个时代，雅典约有 1 万座住宅。

古希腊房屋的建筑设计原则是让居民在炎热的夏天保持凉爽，在冬天保持温暖。这些房屋的设计也符合当时的社会习俗习惯。大多数房子都由未经烧制的砖制成，几年后就倒塌了，然后不断地被重建。这些房子通常很小，中间有花园或庭院作为区隔，屋顶是用黏土瓦制成的。窗户很小，没有玻璃，他们用木百叶窗盖着，以防止烈日直射。正门除了立在两侧的石柱外，外部没有什么装饰。

大多数希腊房屋都是围绕庭院建造的，庭院敞开，位于房子的中央。院子里经常有一座祭坛，供奉着炉灶和家庭女神赫斯提亚（Hestia），那里可能还有一口水井，在一年中的某些时候，家里的女人会在院子里织布和纺纱。庭院周围是由石柱或木柱支起的廊道，夏天用来遮阳光，冬天用来避风寒，在那里还可以用餐或干家务活儿。

在富裕的古希腊家庭，男人和女人在房子里有单独的房间。女性住在房子中相对隐蔽的地方，男性客人看不到她们。男主人会有一个专门的男宾室，用这个房间来招待他们的朋友和商业伙伴。在这个房间里举行的聚会，是一种有食物和美酒的社交活动。这是房子里家具最豪华的房间，房间的墙壁周围布置了沙发，这些沙发是用优质织物编织的装饰靠垫制成的。

房子里的奴隶为每张沙发上的客人提供晚餐。晚餐一结束，奴隶就把桌子塞到沙发底下，拿来调酒用的双耳爵、祭奠用的葡萄酒和浅口高脚杯。宾朋开始饮用混合了水的美酒作为晚宴的开始，晚宴往往要持续到第二天大亮。男人之间没有私人谈话，所说的一切都与所有人分享，男人们会讨论哲学和政治，他们会首先举起酒杯向众神敬酒。他们头戴花环，唱着阿波罗颂歌。所饮用的酒里要掺三分之二或四分之三的热水或凉水，事先在双耳爵里调好，然后再倒入杯里。由抽签选出的晚宴之王要规定一口气喝下的酒的杯数。若有人不从，则要受到处罚。

晚宴上还有唱歌、跳舞等娱乐活动。宾客们围坐在一起，一个接着一个轮流唱歌，每首歌的内容与前一首要衔接一致。这类酒歌的诗句优美，很多流传至今：

丰饶的大地畅饮甘霖；
树木从土壤中吮吸水分；
大海轻呷空气，日头慢品海洋；
月亮瞬间又饮尽阳光；
既然世间万物都如此开怀，
难道我就该把这干渴忍耐?

宾客们除了在晚宴中自娱以外，还会请吹长笛的女乐手、杂技演员和表演哑剧、舞台造型的演员前来助兴。

在古希腊的家庭中，会将特定的房间特别保留给女性与女奴隶使用。这些房间是被称为闺阁或是闺房的女性活动区。这些女性活动区与男宾室以厚重的一道门完全分隔开，且女性活动区通常都位于屋中的二楼。这是家里的妇女招待她们的女性朋友和亲戚的地方，这也是她们照顾孩子、编织和纺纱、演奏乐器的房间。

古希腊家庭的卧室非常简单，床和男宾室出现的沙发很像。简单的木箱被用来存放衣服和床上用品。奴隶的卧室比其他卧室更简单，地板上只有垫子用来睡觉。女奴隶的卧室靠近女主人的卧室，男奴隶的卧室靠近男宾室。

古希腊家庭楼下的储藏室里通常有几个非常大的储存橄榄、葡萄酒和谷物的罐子。此外还有一个单独的工作室，奴隶们会在那里制作珠宝或凉鞋。

厨房有一个中央壁炉，用于烧火烹饪，烟雾通过屋顶上的一个洞排出屋外。日常膳食的烹饪在粗陶罐中完成，精致的锅碗瓢盆都装饰着华丽的图案。

虽然没有室内抽水马桶，但古希腊大多数房子都有带浴缸的浴室，浴室里可能有一个赤陶浴缸和一个放在小桌子上的盆，用来洗手和洗脸，浴缸的水通过地板上的通道排到屋外，一些较富裕的家庭甚至可能有类似淋浴的设施。

陶罐或便壶被用作厕所，奴隶在这些臭气熏天的罐子里处理废物，古希腊没有公厕，男人经常在公共场合大小便，大街小巷常常会充满臭气熏天的垃圾。

四、婚姻家庭

古希腊语中最接近家庭的词是“oikos”，是指家里的一切人与物，包括奴隶和仆人、家庭成员及其家居用品。在古希腊，每个家庭都祭奠亡灵，敬奉火灶，房子中央的祭坛上燃烧着不息的圣火。当然，古希腊人也崇拜其他的神祇，并且视他们为个人的保护者。只有家庭成员才能够参加家内祭祀，外人不得介入。要想成为家庭的一员，须举行某种仪式。所以，新娘、新生儿以及领养子只有在火灶旁举行完仪式才能算作家庭成员。

在古希腊，一夫一妻制得到广泛承认，但纳妾的现象也很普遍。斯巴达的婚姻制度有所不同，仍然保留着群婚的痕迹，像兄弟之间可以共娶一个妻子。在雅典，法律禁止成年公民过独身生活，没有正当理由不结婚的人会受到惩罚。

雅典的法律对合法的婚姻有条件限定：夫妻双方须为公民，或起码应属于两个婚姻法一致的城邦。该法同样规定了严禁结合的亲族等级。但政府不干涉纯属宗教的仪式。预备的程序包括祈祷和祭祀诸神，婚礼本身不过是家内祭祀而已。

古希腊的女孩大概长到 12 或 13 岁，其父亲就会为其找婆家。在选好对象之后，在女方家里举行订婚典礼，届时必须有证人，女孩自己不一定到场。在订婚数日后，就在女方家里举行婚礼，在此之前，新婚夫妇要在自己的家里沐浴，行净化礼。在婚礼当天，新娘的父亲会准备一顿丰盛的酒席，一个双亲健在的儿童拿着一个小筐给客人送面包，并表达美好的祝福。娶亲前，男方要给女方的父亲一份丰足的彩礼，公元 5 世纪之后女方的家庭也要拿出一份陪嫁，通常是现金、衣服、首饰、家具或生活用品。

古希腊法律规定，丈夫可以与妻子离婚，通常的理由是不育或不贞，虽然妻子也可以提出离婚，但要诉诸执政官并说明理由，如果丈夫不同意离婚，执政官就可能不接受妻子的离婚请求。一个选择离婚的男人几乎总是保留他孩子的监护权，尽管他经常被要求归还嫁妆。

在全民皆兵的斯巴达，男人整天在军营里参加军事训练，有家室的人只能在夜晚与其妻子幽会，男女关系相对平等，妇女地位较高，妻子可以以优生为由，离婚并与另一个男人结合家庭。在斯巴达，不结婚是一种罪行，一切都要为军事战争服务。

古希腊的男人是一家之主。大多数男人在田野耕作或在城镇担任政府职务，或者担任士兵。这些人每天都会离开家去工作。男人喜欢八卦，会到处去打听新消息。

有时，一个男人可能决定把家人搬到另一个城邦。这时，家人就会收拾行李和他一起搬家，不会争论或不同意。男人希望自己工作回家，家里要收拾干净，孩子要恭敬，总是有可以吃的食物。

在雅典五花八门的行业中，娼妓与风俗一业颇有市场。官方除了规定娼妓要交纳税款外，对她们再没有什么其他限制。而一般的雅典人称操此行当的人为“伴侣”，不愿直呼她们为“妓女”。因为在他们眼里，年轻人偶然出入青楼，在道德上并不是什么瑕疵；已婚男人逛逛花街柳巷，面子上也没有什么不好，最多是回家时挨老婆一顿臭骂，不致招惹来过多的麻烦。

雅典的另一类娼妓就是所谓的“伴侣”，她们多为雅典公民，有的只是耐不住寂寞的生活才自甘堕落而浪迹于花街柳巷。“伴侣”之中，一些人略通诗文，可以凭借文雅的谈吐与有学识的嫖客谈天说地。

五、妇女与儿童

除了斯巴达等少数城邦，古希腊的妇女不被视为公民，她们被视为丈夫的财产。作为丈夫或父亲，可以把自己的妻子或女儿赠予他人甚至杀死而不受法律惩罚。不过古希腊法律仍然保障妻子拥有嫁妆，如果婚姻关系解除，嫁妆必须全部退回，在某些特殊的情况下，法律还赋予妻子离婚的权利。

除了合法的妻子之外，古希腊一些城邦的男性还可以纳妾，她们一般是女奴隶或外邦的妇女，妾的身份可能不会维持长久，由于没有法律保障，男主人可以随时将她们卖掉。由于男性在家庭中的主导地位，女奴隶常常成为男主人的性玩物，处境十分悲惨。

但与此同时，女奴隶和妾通常比普通妇女拥有更多的人身自由，她们有较多和男性接触以及户外活动的机会，如女奴隶常常被男主人派到邻居家借一些生活物品或是去市场购物。

妇女在出嫁前，既不上学也不读书，她们所受的教育只是做纺织与家务技能，出嫁之后，都是专职的家庭主妇，有钱的家庭主妇会有女奴隶为她们做家务和纺织工作，有时奴隶们甚至会购物并照顾孩子。她们大多数时间待在家中，所见之人只有自己的丈夫、奴隶和亲戚，如果妇女得到丈夫的允许，她们会在女奴隶的陪同下去市场购物、拜访亲友或去神庙祭拜。

贫穷的女人往往比富有的女人拥有更多的自由，因为她们买不起那么多的奴隶，只得自己离开家去跑腿、打水和购物，她们有时会为富人做仆人或在当地商店工作。

在古希腊社会，男子的婚外性行为不会受到什么责难和惩罚，但妇女则受到严格的限制。在雅典，妇女一旦被发现通奸，就会被人拖到集市，放在一块石头上示众，然后骑驴在城里游街，骑驴之后再次回到那块石头上示众，她不仅要被其丈夫休掉，还要永远背上“骑驴人”的耻辱称号。

在斯巴达，女性被尊为“勇士之母”，她们比雅典的女性拥有更多的权利和自由。她们受过教育，参加田径、球类等体育运动，可以自由地在城市里走动，还可以拥有财产。斯巴达的女性做任何事都不用征求丈夫的许可，她们还可成为战士、工商业主、艺术家、教师、农民等。

在古希腊，孩子在家里出生时，家里的所有妇女都会在场，以确保分娩顺利，并且可能还会有一名女助产士。如果出现并发症，可能还会请一位男医生帮助。新生儿是否被接纳为家庭的一员，全由父亲一人作主。如果父亲怀疑新生儿并非亲子，或因婴儿身体羸弱、畸形，可将其遗弃在神庙附近，或其他容易被发现的地方。在雅典，女婴遭遗弃的机会比男婴要大得多，因为女孩长大后要为人妻，出嫁时还需要一笔嫁妆。

很多婴儿在出生后几天便死去，因此通常要等待大约一周的时间才能为孩子取名字。由于分娩被认为是一种不洁的活动，所以在孩子出生一周后，就要举行净化仪式，并正式为孩子命名，前来贺喜的亲朋给母亲带来礼物，给婴儿送来玩具。

古希腊人通常只有一个单名，像苏格拉底、阿基米德。但长孙也常常取祖父的名字。在希腊历史上这种重名的现象屡屡可见，为避免这种混乱不清的称谓，古希腊人的名字后往往还要加上父名或出生地的名字。

陶器上的古希腊妇女与儿童图案

古希腊花瓶画的图案表明，孩子们睡在用木头或柳条制成的摇篮里。还有证据表明，婴儿坐在高脚椅上，手里拿着动物形状的瓶子。婴儿在两岁之前都被包裹在紧身衣服中，因为古希腊人相信这就是使儿童骨骼保持强壮和笔直的方式。

女孩在家里由母亲教育，通常不教她们读书和写字。她们的教育主要是如何做家务，包括烹饪、刺绣和编织。生活在斯巴达的女孩比生活在其他希腊城邦的女孩拥有更多的自由。在斯巴达，女孩被鼓励参加田径和体操运动。她们还会学习音乐、唱歌和跳舞。在大多数城邦，女孩很少离开家，一直受到母亲的密切监督，直到结婚年龄。

就像许多古代文化一样，男孩比女孩更受青睐。男孩们能够继承家族血统，照顾年长的父母，并在他们死后为他们安排适当的葬礼。

3 岁时，一个小男孩会在酒神节上品尝他的第一口酒，他还会待在神庙里协助祭祀神灵。孩子们喜欢玩洋娃娃、悠悠球、陀螺等玩具，并且会玩不同类型的游戏，考古学家在古希腊遗址发现了各种各样的玩具。一种流行的游戏是掷距骨，距骨通常是绵羊和山羊的脚踝。像今天一样，有专为女孩设计的玩具，也有专为男孩设计的玩具。男孩经常玩战车玩具，女孩经常玩洋娃娃，一些古希腊的娃娃甚至有可动的胳膊和腿。有些娃娃是用象牙或玻璃制成的，但大多数是用陶土制成的，其他的则由碎布、黏土或蜡制成。有些娃娃玩具的头顶上有一个洞，用来装绳子。

在古希腊大多数城邦，男孩会在他们的父亲的培训下掌握不同的手艺，当他们 6 岁左右，会被送去学校接受教育。斯巴达男孩在 7 岁时会离开他们的家庭，在军营里接受军事训练，直到 30 岁才被允许离开。其他城邦要求男孩在 18 岁时参军，他们被要求服两年的兵役。

男孩们在学校里学习阅读和背诵诗歌，他们还学习音乐、阅读、写作和使用算盘做算术。每个学生都用手写笔在一块覆盖着软蜡的木板上写字。男孩们通过跑步、跳跃、投掷长矛和铁饼以及在体育馆摔跤等方式训练。

古希腊人喜爱养宠物，尤其是狗。像大多数现代社会一样，狗是古希腊最常见的宠物。古希腊有许多狗的绘画和雕塑，这表明狗对古希腊人很重要。古希腊人很欣赏狗的陪伴，他们也将它们视为猎人，考古学家甚至发现了宠物的坟墓。

古希腊人也喜欢一种称作凯尔特的狗，这个品种似乎是现代灰猎狗的祖先。它们受到古希腊人的重视，因为它们又瘦又快。鸭子和鹅也很常见，它们甚至可能和宠物狗一样普遍。据说，有的古希腊妇女甚至会在家中养数十只鹅。

在现存的古希腊历史记录中，关于猫的话题并不多，这意味着古希腊人可能不饲养猫。由于猫是在埃及被驯化的，因此在亚历山大大帝征服埃及之前，它们可能从未在古希腊出现过。

令人惊讶的是，猿在古希腊也是一种相当普遍的宠物。饲养猿猴作为宠物比现在更普遍。一位古希腊作家在其作品里批评了那些爱他们的宠物猿胜过爱他们的孩子的人，另一位作家描写了一只会演奏乐器的宠物猴子。

尽管我们可能会觉得蛇令人毛骨悚然，但一些古希腊人还是把它们当作宠物。其中一些蛇之所以被保留，是因为它们捕杀老鼠，但显然有些被视为普通宠物。古希腊有一个故事，说一个人的宠物蛇像狗一样跟着他。

在古希腊，鸟类也是常见的宠物，即使是苍鹭和孔雀等大型鸟类，也经常被作为宠物饲养在家中。有许多留存到现代的版画描绘古希腊人与大型鸟类在一起的场景。这告诉我们，鸟类对古希腊人也很重要。

六、奴隶与外邦人

古希腊人拥有奴隶，据估计，在公元前 400 年时，古希腊人中有 30% 到 40% 是奴隶。古希腊有不同种类的奴隶，并非所有奴隶都受到同等对待。在斯巴达，有被称为希洛的国家奴隶。希洛人被分配到某块土地上工作，被迫将他们种植的部分产品交给国家，主人既不能释放也不能贩卖他们。有时，希洛人与自由斯巴达人的人数比为 20:1。有的历史学者认为，斯巴达建立军队是因为需要控制大量的希洛人。希洛人的生活大多是悲惨的，他们甚至被迫穿上侮辱性的衣服来认定他们是奴隶。

在雅典，奴隶的生活状况要好一些。奴隶在雅典是私有的，每个新奴隶都会通过欢迎仪式加入这个家庭。雅典的奴隶经常与自由公民一起工作，但他们没有报酬。在雅典虐待奴隶是违法的，他们似乎没有像斯巴达的奴隶那样遭受公开羞辱。与斯巴达相比，雅典的奴隶获得自由的机会也更多。

古希腊的奴隶是由城邦或个人所有。那些属于城邦的奴隶拥有更多的地

陶器上处于古希腊社会最底层的奴隶图案

位和自由，经常独立生活。他们可能从事公共服务工作，例如，在雅典当警察或打扫卫生清理垃圾。

雅典大多数的女奴隶都从事烤面包、洗衣服、做饭和编织之类的工作。她们通常与家里的女性更亲近，在雅典，女性在家庭之外没有太多的社交生活。男性奴隶通常在田间工作，作为工匠或士兵的助手。有些人被迫在雅典海军服役，雅典也有数千名奴隶担任警察。

在雅典，拥有一定技能的奴隶可以在主人家之外工作，他们被允许赚取少量收入，但他们赚到的钱的一小部分必须支付给主人。奴隶有时会被他们的主人释放，主人也可以让奴隶攒钱买自己的自由。被释放的奴隶仍然不被视为正式公民，并且经常对他们的前主人负有义务。

大多数雅典公民没有奴隶，对于大多数雅典人来说，养活奴隶的成本太高了。如果一个人有钱，他可能拥有一些奴隶，但通常不会拥有大量的奴隶。

富有的古希腊人会购买奴隶作为投资，然后将其出租给其他人。奴隶经常被海盗或土匪俘获并在奴隶市场上出售。

雅典并非所有奴隶都受到良好待遇。在城市南部的劳里昂银矿工作的奴隶过着悲惨的生活。这些奴隶大多是外国人，或者被海盗或士兵俘虏的“野蛮人”。他们经常被殴打和挨饿，最重要的是，他们大部分时间都在地下的黑暗中度过，这导致许多人在很小的时候就死了。

在古希腊，有时很难区分奴隶和自由人。女奴隶经常剪短头发，这会将她们标记为奴隶，因为自由女性留长发。有时奴隶会被刻画伤疤或文身，这样他们就可以被识别为奴隶。

除了奴隶，古希腊的城邦还有为数众多的外邦人，在雅典，就有很多吕底亚人、腓尼基人和埃及人，这些没有公民权的外邦人从事除采矿业以外的其他工业生产活动，例如，制陶业就为他们所独揽，他们还常常作为中间人出现在生产者与消费者之间。雅典虽然接纳了这些外邦人，但却不允许他们与雅典公民通婚，不允许他们直接诉诸法律，禁止他们占有土地，可他们却要像公民一样纳税，承担同样的宗教义务，同样服兵役，并交纳相当重的人头税。

七、丧葬习俗

当一个人故去之后，人们会为其合上双眼，并在其嘴里塞上一枚硬币，因为古希腊人认为，冥界之神把鬼魂送到冥国的门口是要收钱的。死者的脸部盖着单布，洒过香水的尸体用三块白色的裹尸布包好，放在前厅的灵床上，灵床的周围摆放着祭品。在停尸期间，男人和女人要轮流放声哀号。男人站着，做着悲哀手势，手臂向前，手掌张开，手指合拢，而女人则抓住头发。

第二天黎明前，人们会把尸体抬出去安葬。尸体或放在肩舆上人扛或放在马车上。这时候没有哭声，送葬队伍默默地行进着。安葬的方法每个时代各有不同，古希腊古典时代通行的安葬方法为土葬，火葬只用于阵亡疆场的士兵。墓地设在城的出口处，沿大道依次排列。

死者有的直接被安葬在墓穴，有的被放在棺木内，然后再下葬。坟墓的周围放着祭品，有香水瓶，用陶土制成的小雕像以及日常用的器皿。送葬的人在墓前洒奠酒，举行祭祀。坟头上或置一大瓮或饰一石碑，上面系着花环。

在下葬后的第三天、第九天、第三十天，人们会重新举行葬礼。通常的做法是，吃一顿丧饭，然后再用油擦拭石碑，在坟头换上新的花环。雅典每年都会举行亡灵节，全城的男女老幼在节日那天都会参加祭奠亡灵的活动。

长子原本可以继承全部遗产，并负责父亲身后的家内祭祀。但是，随着古希腊习俗的变迁，继承法也渐渐发生了变化。这时，同一等亲的继承人可以共享遗产，只留给长子不多的优惠，譬如，他有权保有父亲留下的房子。

在雅典，自梭伦以后，遗嘱便具有权威性。根据某些特殊的规定，女儿有权分享遗产。若嫁人，她的儿子则被视为外祖父的后代，有继承权。如果她待字闺中，则要受制于父，而她的父亲会为她收养一个未来的女婿作儿子和继承人，如果父亲没留下遗嘱，遗产便落到一个至亲手里，而他要娶她为妻。

八、教育制度

古希腊人喜欢学习，他们相信学习是可以消磨时间的最佳方式之一。他们不认为上学是一件苦差事，并期待学习会改善他们的心智。

在古希腊的早期历史中，只有富人受过教育。小男孩通常有自己的导师，教他们数学、写作和军事训练。孩子们学到的东西也取决于他们在希腊的居住地。例如，如果一个男孩在斯巴达长大，那么他的全部教育都将花在军事训练上。在不太注重军事的雅典，学生们则主要学习学科课程。

在古希腊的雅典，男孩从 7 岁开始便同时就读文法学校和音乐学校，这些学校都是私立的，自由民的子弟交得起学费才能入学，教师是有政治权利的自由民，也有不少是赎身后的奴隶。文法学校没有固定的课程，主要教语言和算术的初级知识，学生的阅读课本主要是《荷马史诗》和《伊索寓言》。雅典的算术教学不太普遍，数字由字母代替，教师略加指点，学生用手指或小石子练习。音乐学校主要教习乐器以及简单的宗教诗歌和抒情诗，然后教习用乐器伴奏诗歌进行朗诵，学生最后还要学唱《荷马史诗》的片段。学校里没有桌子，只有凳子。学童在读书习字时，要把书或石板放在膝盖上，石板上涂有蜡，学童用一种尖笔在上面习字，课本的纸是古埃及人发明的莎草纸。

学校纪律严格，学童会因小小的过失而受到严厉的体罚，皮制的凉鞋常用来作戒尺。为使学童所学的知识达到法律要求的程度，学校每年要进行考试，成绩优良的学童有时还会得到奖赏。

雅典 12 到 13 岁的少年要同时去体操学校接受体育训练，其训练内容主

陶器上的古希腊学校教育图案

要有跑步、跳跃、角力（摔跤）、掷铁饼、投标枪等五项竞技以及游泳、舞蹈等。体育授课的地方一般是在露天的角力场，角力场四周柱廊林立。

学童经过几年的初级学习之后，他们中的大部分人就算完成了学业，可以到社会上谋求生路了。而富家子弟则要继续接受中等教育。中等教育以知识课程为主，所开设的课程有音乐、演讲、几何学、天文学、修辞学以及伦理学。这些在《荷马史诗》优美诗篇熏陶中长大的少年，常以音乐自娱，或唱歌，或弹琴，陶醉于美妙的旋律之中。

到十五六岁时，大多数学生就不再继续上学了，只有少数达官显贵的子弟，才进入城邦主办的体育馆学习。到了雅典国家体育馆这座雅典的最高学府，会继续进行体育训练，五项竞技是主要项目，此外，学生还要学习骑马、驾车等运动。文化知识方面的学习，主要是文法、修辞学和哲学三门学科，这三门学科被称为“三艺”，都与雄辩演讲术有很大的关系。他们通过背诵过去的著名演讲来学习修辞，还通过背诵整首诗来学习诗歌，学生还经常进行唱歌、演奏、舞蹈和各种文艺方面的练习。

18 到 20 岁的青年属于预备公民阶段，他们可以进入青年军事训练团接受军事训练，以士兵的身份在卫戍队服役一年，第二年，他们则到边防守备队参与海防守卫，并学习一定的航海知识。20 岁之后，他们通过一定的仪式，正式成为雅典公民，有资格成为正式的国家官吏。

九、古希腊奥运会

古希腊人相信强壮的体魄会让众神高兴。因此，他们通过体育运动和竞赛来向众神致敬。古希腊奥运会最开始是为了纪念宙斯的节日。宙斯是天空之神，也是居住在希腊最高山奥林匹斯山上的希腊诸神的领袖。奥林匹克运动会因其在奥林匹亚举行而得名。奥运会举办地点安排在希腊西南海岸附近

古奥林匹亚遗址

的奥林匹亚宗教圣地，那里景色美丽，还有富饶的橄榄树。运动员会从不同的希腊城邦前往奥林匹亚，有时还会从遥远的希腊殖民地前往奥林匹亚参加比赛。

第一届奥运会于公元前 776 年在厄利斯城邦的奥林匹亚举行，早期的奥运会非常简单，只有一个项目，即距离为 192.27 米的场地跑，短跑赛道很宽，可以让 20 个人并排奔跑。直到第 14 届奥运会，奥运会才加入了第二个项目，这是另一项绕体育场一圈大约 400 米的跑步项目。在接下来的几届奥运会上，增加了更多的赛事，主要包括更多不同长度的跑步比赛、摔跤、战车赛、拳击等。还有一项特殊的全能比赛，包括五种不同的体育运动：摔跤、跑步、跳远、飞盘和投掷矛。

一些比赛项目与我们今天的奥运会有相似的名称，但有不同的规则和要求。例如，在跳远中，跳远运动员使用手部的重量来帮助推动身体向前。此外，拳击和摔跤是非常危险的赛事，几乎没有规则。在拳击比赛中，可以在对手倒地后击中对手，直到一名拳击手放弃或死亡，比赛才会停止。然而，杀死对手并不是一个好主意，因为这样，死去的拳击手就获得了胜利。

古代奥运会每4年举办一次，一般持续5天。第一天和最后一天专门用来祭祀众神。在比赛期间，100头牛被献祭给宙斯。奥运会通常是在夏季最热的月份举行，随着时间的临近，信使们离开了厄利斯，他们走遍希腊，向各城邦宣布奥运会的日期。只有没有犯罪记录的希腊公民才能参加奥运会，妇女和奴隶不得参加。有些运动员是一般的牧羊人或渔民，还有知名的将军或商人。已婚女性不得观看奥运会，也不得参加任何赛

陶器上的古希腊奥运会图案

事。在奥运会期间，有一个单独的妇女节，称为赫拉亚，是为了纪念宙斯的妻子赫拉。

比赛的获胜者并不像现代奥运会那样拥有金牌、银牌和铜牌等奖牌。只有一个获胜者，他将得到一个橄榄叶花圈作为奖品。这些橄榄叶取自位于奥林匹亚宙斯神庙后面的一棵圣树。

在奥运会高峰期，约有 2 万至 4 万人参加。奥运会对古希腊文化十分重要，在比赛期间，交战的城邦互相休战。运动员被允许穿过敌方领土进入赛场，商人还可前往比赛地出售食品和其他物品。

古代奥运会举办了一千多年，于公元 393 年被罗马皇帝狄奥多西一世禁止而结束。由于对基督教的新信仰，狄奥多西一世禁止对古代诸神的崇拜。奥运会建筑物最终被拆除，城市被地震和洪水淹没。

现代奥运会于 1896 年由法国教育家和历史学家皮埃尔·德·顾拜旦发起。顾拜旦热爱运动，认为如果世界各国运动员聚集在一起进行体育竞技，将会带来更多的和平机会。

他设计了用于代表今天奥运会的 5 个色环，分别为蓝、黑、红、黄、绿 5 种颜色，代表欧洲、非洲、美洲、亚洲和大洋洲。

第五章 古希腊宗教与神话

一、古希腊宗教

古希腊人对宗教非常虔诚，虽然古希腊人确实有特殊的宗教节日，但古希腊的宗教生活不限于一周中的某一天或特殊庆祝的时间。宗教仪式是古希腊人日常生活的一部分，古希腊人经常将部分食物献给众神。公开会议、集会和议事会都需要安排一个祈祷者。在部队开战之前，古希腊城邦的将军会牺牲一只或多只动物——通常是山羊——以期望众神为他的部队带来胜利。

古希腊宗教中的神灵来自古希腊的神话传说，对古希腊人来说，神话讲述的故事都是基本的事实真相，神话人物也是真实存在的。古希腊人相信，如果他们对神灵表现出正确的爱和尊重，众神会在他们死后照顾他们。

古希腊宗教的起源很难确定，一些神和仪式可以追溯到迈锡尼时期（公元前 1600—前 1100 年），到公元前 900 年，古希腊已经祭奠如今为我们所熟知的众神。

每个城邦都有一个守护神，例如雅典娜是雅典的守护神。雅典人会举办特别的活动来纪念雅典娜，其中最著名的就是泛雅典娜节（Panathenaea）。泛雅典娜节每四年举办一次，是当时雅典最重要的节日，它持续六天，在此期间，会举办特色宴会、体育比赛、舞蹈和音乐等活动，其规模可与奥林匹克运动会相媲美。许多仪式和节日在神庙外举行，人们会聚集在一起敬拜、演奏音乐、盛装打扮并为他们的神庆祝节日。

古希腊建造宏伟神庙的目的更多是为了祭祀神灵，而不是供市民使用。古希腊的神庙被视为神灵的世俗家园，古希腊人认为神灵会造访神庙并在这里停留。几乎每座城邦都建有供奉一位神的神庙，古希腊城邦的居民随时都去神庙，祭祀神灵或做祈祷。如果有人崇信另一个城市的某个神，他们就会前往那个城市，进入神庙，向神灵做供奉和祈祷。

神庙由祭司照管。祭司是城邦最重要的职业之一，他们的工作是为众神维护寺庙。由祭司负责确保神庙里的神保持愉快和神庙的神圣。祭司们能够与众神交谈，并将民众的问题和希望传达给众神。祭司被认为是民众的亲密

德尔斐的阿波罗神庙遗址

朋友，受到信任和爱戴。

成为一名祭司并不容易，只有两种方式可以做到。第一种方式是由身为祭司的父亲将这份工作传给他最年长的孩子，第二种方式是被一位祭司临终前任命。

人们在神庙外的祭坛上公开祭祀神灵，或私下在家庭设置祭坛。敬拜最重要的两个形式是祈祷和牺牲。古希腊信徒以站立的姿势祈祷，双手举起面向天空，跪地触地，向地下的冥界呼唤神灵。

为取悦神灵而做出的最简单的供奉就是食物或祭坛上的酒，羊和鸟是最常见的祭品。当古希腊人献祭动物时，仪式很隆重：将动物披上鲜花，撒上大麦，祭坛用水净化，然后将动物用棍子打昏，并割断喉咙，将它血倒入碗中，洒在祭坛上。

二、德尔斐神谕

在古希腊宗教中，神谕来自祭司，民众通过他们询问神祇问题并得到解答。神谕可用来解梦、指引人们行动或是解释供奉的动物中的脏器所代表的意义。答案通常是模糊的，有许多可能的解释，最有名的神谕位于希腊中部德尔斐的阿波罗神庙。在古代，德尔斐因为神谕的存在被认为是世界的中心，神谕的发布者是“神的代言人”，她是阿波罗神庙的女祭司，被称作皮提亚。而德尔斐负责做出神谕的三个女祭司都超过了 50 岁。

当有需要神谕的人提出神谕的问题时，皮提亚首先会在一个神圣的泉水中沐浴净身，然后喝下神庙附近另一地方的泉水，最后坐在岩石地板的裂缝上。据信，皮提亚会咀嚼或吸入月桂叶的烟雾或服用致幻药物营造出精神恍惚的状态。一些历史学家认为，岩石释放出一种气体，会使皮提亚进入精神恍惚状态，在这种状态下，她说出的话语，仿佛直接来自神灵。一位男祭司

德尔斐神庙里的阿波罗女祭司

会解释神谕的预言，这些话有时出自一段经文中，经文的不同解释使神谕有一点容纳错误的余地。德尔斐神谕最著名的有三个，相传雕刻在阿波罗神庙：认识你自己；凡事勿过度；承诺带来痛苦。

人们向神谕提出的大多数问题都关乎个人命运，有时政治家可能会用来指导制定法律或发动战争。相传一位王子想知道自己如何死去，神谕宣布“mus”（古希腊语“老鼠”的意思）会导致他的死亡。王子很谨慎——他确保自己的房子里没有老鼠，还拒绝和任何有 mus 名字的人说话，但他忽略了一个事实，即肌肉一词在古希腊语中是 mus，最终他死于手臂感染。

最著名的一个神谕发生在公元前 547 年，位于小亚细亚的吕底亚国王克罗伊索斯（Croesus）询问他是否应该进攻波斯帝国。他被告知，如果他进攻的话，一个伟大的王国将会毁灭。克罗伊索斯确信他会取得胜利，于是出兵攻打波斯帝国。结果果然有一个帝国毁灭了，那就是他自己的帝国。

公元前 480 年，波斯军队入侵希腊，雅典领导者咨询了德尔斐的神谕，他们被告知唯一的希望是由“木墙”提供的防御。有些人认为他们应该在雅典周围建造木墙，但他们的领袖特米斯托克列斯猜测神谕指的是一支木船舰队。他与希腊海军将波斯人引诱到一个狭窄的地区——萨拉米斯岛和港口比雷埃夫斯。最终希腊人以少胜多，在萨拉米斯战役中打败了波斯人。

三、众神之王宙斯

奥林匹斯山是希腊的最高峰，但由于奥林匹斯山地形陡峭，基本上无法进入。如果人们尝试爬山，会发现高海拔使得呼吸困难，这很容易被解释为山顶不适合凡人生活。古希腊人认为众神之家的入口位于奥林匹斯山的云端，在里面，众神尽情享用花蜜和甘露酒（可能是某种形式的蜂蜜），而诗神缪斯（Muses）则在此招待他们。他们家的中心是炉灶，由炉灶和家庭女神赫斯提亚时刻点亮。

古希腊有几十个神以及和神一样的生物。居住在奥林匹斯山上的神是主神，其他神灵被称为半神。他们一半是凡人，一半是神，是由神与人结合而生的。

宙斯是居住在奥林匹斯山上的古希腊诸神之王。他是天空之神和雷霆之神，他的象征符号包括闪电、鹰、公牛和橡树。他最著名的能力是投掷闪电，还可以控制导致降雨和大风暴的天气。宙斯还拥有其他超能力，他可以模仿

现藏于卢浮宫的宙斯雕像

任何人说话的声音，还可以变形，使他看起来像动物或人。如果人们惹他生气，他也会将其变成动物。

宙斯有几个兄弟姐妹，他们也是强大的神。宙斯是三个兄弟中最小的，他的大哥是掌管冥界的哈迪斯（Hades），他的二哥是海神波塞冬。他有三个姐妹，包括赫斯提亚、得墨忒耳（Demeter）和赫拉。

宙斯有许多孩子。他的一些孩子是奥林匹斯之神，如阿瑞斯、阿波罗、阿耳忒弥斯、雅典娜、阿佛洛狄忒（Aphrodite）、赫尔墨斯和狄俄尼索斯。他还有一些半神半人的孩子，如赫拉克勒斯和珀耳修斯（Perseus）等英雄，其他著名的孩子包括缪斯、格蕾丝（Graces）和特洛伊的海伦（Helen）。

宙斯是泰坦（Titan）神克洛诺斯（Cronus）和瑞亚（Rhea）的第六个孩子。泰坦是古希腊神话中的第一代神，其中包括宙斯的父母在内一共有 12 位泰坦。宙斯的父亲克洛诺斯担心他的孩子会变得太强大而威胁其地位，所以他吃掉了前五个孩子。但他们并没有死，只是出不了他的肚子。当瑞亚生下宙斯时，她把他藏了起来，后来被仙女养在森林里。

当宙斯长大后，他想拯救他的兄弟姐妹。他得到了一种特殊的药水并伪装自己，这样克洛诺斯就认不出他了。当克洛诺斯喝下魔药时，他咳出了他的五个孩子。他们是哈迪斯、波塞冬、得墨忒耳、赫拉和赫斯提亚。

克洛诺斯和泰坦们很生气，他们与宙斯和他的兄弟姐妹们战斗了多年。宙斯释放了地球上的百臂巨人和独眼巨人来帮助他战斗，他们给了奥林匹斯众神用来对抗泰坦的武器。宙斯得到了雷电，波塞冬得到了强大的三叉戟，哈迪斯得到了使他隐形的头盔。最后泰坦战败，宙斯将他们锁在地下深处。

宙斯的祖母——大地之母盖亚（Gaia）对宙斯将泰坦锁在地下的行为十分愤怒。她派出了世界上最可怕的怪物堤丰（Typhon）来对抗宙斯。其他

《宙斯诱拐欧罗巴》（油画）

奥林匹斯之神都躲了起来，但宙斯没有。宙斯与堤丰战斗并将他困在埃特纳（Etna）火山下。从此之后，宙斯成为众神中的最强者，他和他的众神一起住在奥林匹斯山上。后来宙斯与赫拉结婚并统治众神和人类。

宙斯的爱情很不专一，常常引起天后赫拉的反感。有一次，在一个幽美的山谷中，一群天真烂漫的姑娘正在草地上嬉戏。当其中一位美丽的姑娘正在欣赏一大株红玫瑰的时候，突然，从远处牛群中跑来了一头洁白的公牛。这个姑娘立刻被吸引了去，她高兴地骑到牛背上。牛背负着姑娘，最初在草地上慢慢地走动，女伴们跟在后面拍手欢笑；后来，牛越走越快，直向山谷外的海岸跑去。姑娘惊呼着，想要跳下来，牛却跳入大海，像在平地上一般飞跑。这时姑娘惊慌得只好紧紧地握住两只牛角。就这样，牛背着姑娘一直跑到大海对岸的陆地上。他把姑娘放下，现出了真身，原来就是众神之王宙斯。宙斯非常喜爱这个美丽的姑娘，但又怕天后赫拉干预，因此便变作一头牛制造了这场骗局。之后，他们结了婚，生了一个孩子。这个姑娘名叫欧罗巴（Europa），她所到的那个大海对面的地方，以后也就称作欧罗巴洲，这就是神话中欧洲名称的来源。

四、天后赫拉

赫拉是古希腊神话中的女神，作为宙斯的妻子，赫拉被认为是奥林匹斯山的天后。她最常被认为是女性、婚姻和分娩的女神。她是战神阿瑞斯和锻造之神赫菲斯托斯的母亲，她的女儿厄勒提亚（Eileithyia）是分娩女神。

古希腊妇女向赫拉祈祷，祈求分娩时的保护、身体健康，并在婚姻中为她们提供帮助。她还有掌管天空的力量，可以给予人们晴朗的天空或诅咒他们发生风暴。

赫拉通常被描绘成穿着飘逸的长袍，头戴王冠，手持莲花权杖。有时她会坐在宝座上或乘坐孔雀拉的战车。

赫拉受到了她的兄弟宙斯的追求，起初她对宙斯并不感兴趣，但宙斯把自己伪装成一只受伤的杜鹃鸟，赫拉救了这只鸟，最终她嫁给了宙斯。赫拉是一个非常善妒且报复心强的妻子，她想要宙斯一心一意爱她，但宙斯不断地欺骗她，并与其他女神和凡人女性交往。有一次，她派了一只名叫阿尔戈斯的百眼怪物监视宙斯。恼怒的宙斯让他的儿子信使神赫尔墨斯杀死阿尔戈斯。但这很难做到，因为阿尔戈斯的一些眼睛总是醒着看着。但赫尔墨斯设法让它所有的眼睛都闭上了，然后他按照宙斯的命令杀死了阿尔戈斯。赫拉把阿尔戈斯的眼睛放在孔雀的尾巴上，从那时起，孔雀就是她最喜欢的鸟。

现藏于卢浮宫的赫拉雕像

宙斯后来向一位名叫厄科（Echo）的年轻女神寻求帮助，厄科是一个讲故事很厉害的神。在宙斯的命令下，厄科给赫拉讲起了故事，这让赫拉的注意力持续了几个小时。与此同时，宙斯偷偷溜走，与神女们在山林幽会。赫拉弄清楚发生了什么之后，她对厄科很生气，于是剥夺了厄科讲故事的能力。厄科甚至被剥夺了正常说话的能力，只能重复别人说的最后几个字（这也就是 Echo 一词后来成为“回声”的由来）。

赫拉经常对宙斯所爱的女人以及她们与宙斯所生的孩子进行报复，其中一个例子是英雄赫拉克勒斯的故事，他是宙斯与凡人阿尔克墨涅（Alcmena）所生的儿子。赫拉最初派出两条蛇到年幼的赫拉克勒斯的床上想咬死他，但这个小婴儿却把毒蛇捏死了。她后来使用计谋使赫拉克勒斯发疯并杀死了自己的孩子，作为杀害家人的惩罚，赫拉克勒斯被迫完成12件难以完成的任务。赫拉克勒斯升天后成为大力神，赫拉与其和解，并把自己的女儿青春女神赫柏（Hebe）嫁与其为妻。

五、海神波塞冬

波塞冬是古希腊神话中的海神，他还是地震之神和马匹之神。波塞冬对海洋拥有完全的控制权，大部分时间都住在海洋深处的由珠宝和珊瑚制成的金色宫殿里。他可以制造风暴来沉没船只或制造天气以帮助他们前进。他还可以在陆地上引发地震，这为他赢得了“惊天动地”的称号，古希腊的海员和渔民对其极为崇拜。

波塞冬通常手持三叉戟，他挥舞三叉戟就能引起海啸和地震。他通常有蓝色的卷发和胡须，有时他会骑着由金色的海马（有鱼尾巴的马）拉动的战车。当他的战车在大海上奔驰时，波浪会变得平静，并且周围有海豚跟随。

波塞冬的三叉戟并非只能用作武器，它也被用来击碎岩石，从裂缝中流出的清泉可以浇灌大地，使农民五谷丰登，所以波塞冬也被称为丰收之神。

波塞冬最著名的事迹之一是创造了马，有两个故事讲述了他是如何创造马的。第一个说他爱上了女神得墨忒耳。为了给她留下深刻印象，他决定创造世界上最美丽的动物。他工作了一段时间，最终创造出了马这一动物。然而，他花了很长时间才造出马，以至于他都不再爱得墨忒耳了。

另一个故事讲述了他创造马并从雅典娜手中争夺雅典城。波塞冬和雅典

位于丹麦哥本哈根的波塞冬雕塑

娜都想成为雅典的守护神。作为比赛的一部分，他们各自向雅典的领导人赠送了一份礼物。雅典娜创造了可以生产木材、橄榄和橄榄油的橄榄树。波塞冬创造了马，这是一种可以帮助雅典人工作、战斗和运输的宝贵动物。最后，雅典娜赢得了比赛，成为了雅典的守护神。

波塞冬与人类女性和女神有许多有趣的孩子。他的一些孩子是怪物，如海洋的大旋涡怪卡律布狄斯（Charybdis）和独眼巨人波吕斐摩斯（Polyphemus）。其他子女相对正常，如古希腊英雄忒修斯（Theseus）、著名猎人俄里翁（Orion）和飞马珀伽索斯（Pegasus）。

特洛伊人曾请求波塞冬帮忙在他们的城市周围建造一堵墙。他提供了帮助，但是没有得到任何报酬，因此他很生气。从那以后，他成为特洛伊的敌人，特洛伊战争期间，波塞冬支持希腊人。

但最终，亚特兰蒂斯（Atlantis）的人们选择了波塞冬，它的人民爱戴他、尊敬他。亚特兰蒂斯是一个巨大的岛屿，在那里，波塞冬爱上了一位名叫克里托（Clito）的凡人公主，他为她建了一座宫殿，并生了十个儿子。儿子们长大后成为统治亚特兰蒂斯不同地区的国王，亚特兰蒂斯成为了当时世界上最伟大的文明。

但糟糕的是，亚特兰蒂斯的民众后来忘记了崇拜波塞冬。波塞冬大怒，用他的三叉戟发动了一场可怕的地震。最终，亚特兰蒂斯沉没在海浪之下，再也见不到了。今天，我们把亚特兰蒂斯所处的海洋称为大西洋。

六、冥王哈迪斯

哈迪斯是宙斯和波塞冬的长兄。宙斯是三人中最强壮、最聪明的，统治着地球，波塞冬统治着海洋，哈迪斯统治着冥界。哈迪斯有着乌黑的头发和乌黑的胡须，通常手持双叉戟，驾驶着一辆由四匹黑马牵引的战车。他的神庙很少，仅在厄利斯地区有一座，哈迪斯有时被认为是奥林匹斯十二神之一，但他并不住在奥林匹斯山上。

哈迪斯完全控制了冥界及其所有臣民。他的特殊能力之一就是隐身，他戴着被称为黑暗头盔的头盔，这让他得以隐形。他曾经把头盔借给英雄珀耳修斯，以帮助他打败怪物美杜莎（Medusa）。

哈迪斯起初对得到冥界并不感兴趣，但当宙斯向他解释世界上所有的人最终都会成为他的臣民时，他这才欣然接受。哈迪斯并不卑鄙或残忍，善良或仁慈不是他的工作，他的职责是确保死者永远留在冥界。

为了守护自己的境界，哈迪斯养了一只巨大的三头犬，名叫刻耳柏洛斯（Cerberus）。地狱犬守卫着冥界的入口，不让生者进入，也不让死者逃出。

哈迪斯的另一个助手是卡戎（Charon）。卡戎是冥界的摆渡人，他会乘船渡过冥河和阿刻戎河，从俗世到冥界，死者必须向卡戎支付一枚硬币才能过河，否则他们将不得不在海岸上游荡一百年。

哈迪斯与刻耳柏洛斯雕像

很少有凡人去过冥界并活着回来。其中一位是伟大的歌手俄耳甫斯（Orpheus）。当他的妻子欧律狄刻（Eurydice）死后，俄耳甫斯前往冥界请求将她带回来。

俄耳甫斯的歌声让哈迪斯非常高兴，于是他同意让俄耳甫斯带欧律狄刻回家。不过，哈迪斯制定了一条规则，当他们逃离冥界时，俄耳甫斯不允许看欧律狄刻。但一路上，俄耳甫斯总是转身看欧律狄刻是否还在跟着他，由于违反了规则，她必须永远留在冥界里。

有一次，哈迪斯离开他的境界去寻找科林斯国王西西弗斯（Sisyphus）。西西弗斯是有史以来最聪明的凡人之一，他一次又一次地逃避死亡。哈迪斯打算给西西弗斯戴上手铐，带他去冥界。然而，狡猾的国王说服哈迪斯自己戴上手铐。只要西西弗斯把哈迪斯当作人质，就没有人会死。众神不允许这样，所以他们缠着西西弗斯让他释放哈迪斯。西西弗斯本人最终死去，去了冥界。众神知道，即使在那里，他也可能会恶作剧，所以他们判处他进行一项不可能完成的任务。西西弗斯不得不把一块巨石滚上山，结果又滚下来。然后他不得不把它重新滚回山上，结果众神又让它滚下来。可怜的西西弗斯不得不一次又一次地这样做，至少，这让他不再给哈迪斯带来麻烦。

哈迪斯在冥界非常孤独，他想要一个妻子。宙斯说他可以娶他的女儿珀耳塞福涅（Persephone）。然而，珀耳塞福涅并不想嫁给哈迪斯并居住在冥界。后来，哈迪斯绑架了珀耳塞福涅并强迫她来到冥界。珀耳塞福涅的母亲农业女神得墨忒耳十分悲伤，四处寻找女儿，忽视了农作物收成，导致世间遭受了饥荒。最终，众神达成协议，珀耳塞福涅将与哈迪斯一起在冥界生活一年中的三个月，这些月份被标记为冬天。

古希腊人非常害怕哈迪斯，以至于避免直接说出他的名字。他们称他为“布鲁顿”(Pluton)，意思是“富人”，这是因为传说冥界是宝石和金属的故乡。

七、光明之神阿波罗

阿波罗是古希腊光明、音乐、诗歌、预言和医学之神。他是宙斯和泰坦女神勒托（Leto）之子，是狩猎女神阿耳忒弥斯的孪生弟弟。他每天早上驾着辉煌的太阳车从东方升起，顺着轨道在太空中巡行，给世界普降光热，晚上在西方降落。他领导 9 个文艺女神，让她们分掌历史、诗歌、悲剧、喜剧、抒情诗、颂歌、史诗、舞蹈和天文。阿波罗文武双全，又是个著名的神箭手。阿波罗被称为光明之神，他有时被误认为是太阳神。实际上，真正的太阳神是赫利俄斯（Helios），他驾驶着一辆燃烧的战车划过天空。

当泰坦女神勒托怀上宙斯的孩子时，宙斯的妻子赫拉非常生气。赫拉诅咒勒托，阻止她在地球上任何地方生孩子。海神波塞冬从海底托起提洛岛让勒托居住，在那里，她生下了双胞胎阿耳忒弥斯和阿波罗。

阿波罗被描绘成一个卷发的英俊运动青年，他的外表端庄、威严，容貌英俊，散发着芳香且略微飘起的长发垂在肩上。头上戴着用月桂树、爱神木、橄榄树和睡莲的枝叶编织的冠冕。这位光明之神通常穿着奢华，昂首蓝天，弹奏七弦琴并放声歌唱。他有时携带着自己的银色弓箭与箭筒，有时还带有金剑。

为了保护阿波罗免受赫拉的伤害，他出生后被喂食了花蜜和美味佳肴，这帮助他在一天之内成长为一个成年的神。仅仅几天后，他就在德尔斐与一条名叫皮同（Python）的巨蟒交战。赫拉派巨蟒去追杀勒托和她的孩子，阿波罗用他从锻造之神赫菲斯托斯那里得到的魔法箭射死了这条巨蟒。

打败巨蟒后，阿波罗成为德尔斐城的守护神。由于他是预言之神，他建立了德尔斐神谕，将未来要发生的事情告诉给他的追随者。古希腊世界的人们会长途跋涉去拜访德尔斐，并从神谕中听到他们的未来。

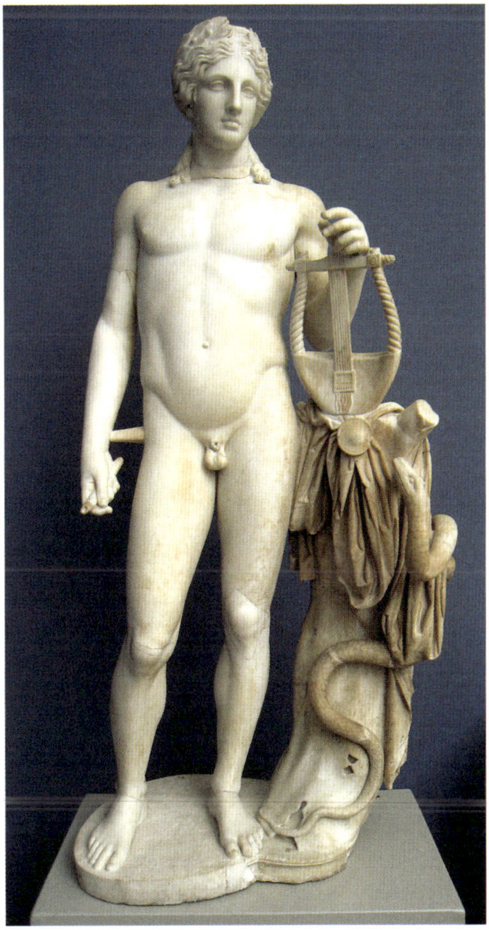

古罗马时期的阿波罗雕像

在特洛伊战争期间，阿波罗站在特洛伊一边。有一次，他将病箭射入希腊军队的营地，使许多希腊士兵生病。后来，在古希腊英雄阿喀琉斯（Achilles）击败特洛伊赫克托耳（Hector）后，阿波罗用箭射中了阿喀琉斯的脚后跟并杀死了他。

有一天，阿波罗对爱神厄洛斯（Eros）说了几句不敬的话。厄洛斯怀恨在心，便紧跟在阿波罗身后，以便寻找机会给他一点儿教训。他们来到珀涅俄斯河旁，河中的仙女达芙妮（Daphne）正在洗澡，这使得阿波罗不得不停下脚步。厄洛斯抓住这个机会，从箭袋内取出一支金箭，朝准阿波罗的心坎射去。阿波罗中了箭，立刻燃烧起爱情之火，疯狂地去追求达芙妮。可是，厄洛斯却又取出另一支箭，射中达芙妮。原来爱神的箭袋中有两种箭：一种是金光闪闪的产生爱情的箭；一种是色彩暗淡的拒绝爱情的箭。厄洛斯射给达芙妮的正是后一种箭。

阿波罗紧紧地追赶，一步不让，达芙妮却怀着冰冷的心，当阿波罗眼看就要追上达芙妮时，她呼唤她的父亲河神来救她，达芙妮刚刚祈告完毕，她的骨节便硬起来，身体变成树干，头发变成树叶，两臂变成树枝，她很快变成了一株月桂树。阿波罗看到这种情景，非常悲痛。他把满腔的爱转向这株月桂树，对着变了形的达芙妮说："虽然你已经变作树身，我仍然热爱着你。我将要使你四季常青，永不凋零，并且把你装饰在我所有的衣物上。我还要用你这常绿的树叶来装饰竞技胜利者的荣冠。"后来，桂叶便成了胜利的象征。古希腊人曾用桂叶编成冠冕，给著名诗人或英雄戴上，表示崇敬。"桂冠"的名称就是如此得来。

阿波罗与达芙妮雕像

八、狩猎女神阿耳忒弥斯

阿耳忒弥斯是阿波罗的孪生妹妹，她是古希腊的狩猎、荒野、月亮和射箭女神，也是奥林匹斯山上的十二位奥林匹斯神之一。她大部分时间都在被猎犬、熊和鹿等动物包围的森林中度过。

阿耳忒弥斯通常被描绘成一个穿着及膝长袍并手持弓箭的年轻女孩形象，她经常出现在鹿和熊等森林生物陪伴的场合。旅行时，阿耳忒弥斯乘坐由四只银色雄鹿牵引的战车。

现藏于卢浮宫的阿耳忒弥斯雕像

她用银弓和银箭打猎。像所有优秀的猎人一样，阿耳忒弥斯喜欢保护野生动物，她特别注意看管小动物。她的特殊能力包括完美的弓箭瞄准射击、将自己和他人变成动物、治疗疾病以及控制自然的能力。除了狩猎女神头衔，她还执掌着自然力、野兽、山林、丰产、分娩，以及弓箭射术、猝死康复等多种神职。

一个古希腊神话讲述了两个被称为阿洛伊代（Aloadae）的巨人双胞胎兄弟的故事。这对兄弟非常强大，甚至众神都开始惧怕他们。阿耳忒弥斯发现他们只能被对方杀死，她便伪装成一只鹿，在兄弟们打猎的时候跳到他们中间。他们都向阿耳忒弥斯投掷长矛，但她及时躲开了，兄弟俩最终被对方的长矛所杀死。

阿耳忒弥斯是一位意志坚强的女神，她从小就知道自己想要什么，在她3岁的时候，有一次坐在父亲宙斯的膝盖上，宙斯问小女神她一生中最想要什么，阿耳忒弥斯向父亲宙斯提出六个愿望："我亲爱的父亲，请您赋予我永久的童贞，自由自在的生活。我要有阿波罗一样多的别名，需要像阿波罗一样的长弓和利箭，以及猎装，还要20个给我保养猎靴的侍女。最后，我要你赐我一座城，作为我下界落脚的地方。"宙斯无法拒绝他的小女儿，满足了她所有的愿望。

俄里翁是海神波塞冬的儿子，他喜欢带着他的爱犬在丛林原野中奔跑、捕猎。一天，俄里翁在追赶野兽时，被阿耳忒弥斯看见。阿耳忒弥斯看到一个年轻的猎手，相貌英俊，动作敏捷，便一见钟情，热情地上前打招呼。俄里翁看到美丽动人的阿耳忒弥斯，也爱上了她。

但是，阿耳忒弥斯的哥哥光明之神阿波罗认为俄里翁是个粗俗的猎人，不同意他们在一起。但是，阿耳忒弥斯正处于热恋之中，并不理会阿波罗的不满，仍然和俄里翁在一起。

有一天，俄里翁正在海面上行走。这时候，阿波罗和阿耳忒弥斯正好在天空中路过。阿波罗拥有光之眼，阳光照耀到的地方，他都可以看见，因此一眼就看出海面上行走的一个黑点是俄里翁。于是他和阿耳忒弥斯打赌，因为阿耳忒弥斯是神箭手，阿波罗就让她射海面上的那个小黑点。阿耳忒弥斯一箭就射中了，小黑点不再移动，阿波罗大声夸赞妹妹的箭术，然后转身就走了。阿波罗走后，阿耳忒弥斯越想越不对劲，便去查看，结果她看到了自己心爱的俄里翁已中箭身亡。阿耳忒弥斯十分伤心，她的父亲宙斯十分同情她，便将俄里翁提升到天界，化身为猎户座，陪伴在阿耳忒弥斯的旁边。

九、雅典的守护神雅典娜

雅典娜是古希腊神话中的女神，她以雅典城的守护神而闻名，她还是十二位奥林匹斯神之一。

现藏于卢浮宫的雅典娜雕像

雅典娜身材高大、强壮、优雅，被认为是古希腊诸神中最聪明、最睿智的一位。她喜欢猫头鹰，经常会和猫头鹰在一起，所以猫头鹰成了智慧的象征。雅典娜经常被描绘成一个手持长矛、盾牌和头盔的战士。有时她会穿着披风或盾牌（宙斯盾），上面装饰着怪物美杜莎的头颅。

像所有奥林匹斯神一样，雅典娜是不朽的女神，不会死去。她的特殊能力包括发明有用物品和工艺品的能力。她发明了船、战车、犁和耙子，她还创造了许多古希腊妇女使用的技能，例如编织和陶艺。

雅典娜的父亲是奥林匹斯的领袖宙斯，母亲是聪慧女神墨提斯(Metis)。尽管宙斯与墨提斯结婚，但他害怕她的力量。有一天，他听

雅典娜的战士形象

到一个预言，说墨提斯的一个孩子将继承他的王位。于是他迅速吞下了墨提斯，认为这样问题就解决了。但宙斯不知道的是，此时墨提斯已经怀上了雅典娜。她在宙斯体内生下了雅典娜，并为她制作了头盔、盾牌和长矛。随着雅典娜在宙斯的头脑中成长，他的头疼得更加厉害。最终他受不了了，让锻造之神赫菲斯托斯用斧头劈开了他的头。雅典娜从宙斯的脑袋里跳了出来，此时她已经长大成人，体态婀娜、穿着盔甲，手持长矛和盾牌。

雅典娜在与海神波塞冬的较量中获胜后，成为雅典城的保护神。比赛的内容是两位神各自向这座城市赠送一份礼物，由雅典人进行选择。波塞冬发明了马，雅典娜发明了象征和平和富裕的橄榄树。这种树的木材既可用于建造房屋，也可用于冬季取暖。更重要的是，这种树上名为“橄榄”的绿色小果实，味道鲜美，用橄榄制成的油可用于烹饪。虽然这两种礼物都很有用，但雅典的人们认为橄榄树更有价值，因此选择了雅典娜作为他们的保护神。波塞冬一怒之下离开，并引发了严重的洪水以报复雅典人。但雅典人并没有受到太多的困扰，在雅典娜的帮助下，他们的城市变得强大而富有。

十、爱与美的女神阿佛洛狄忒

阿佛洛狄忒是古希腊神话中爱与美的女神，她以最美丽的女神而闻名。阿佛洛狄忒通常被描绘成一个年轻漂亮的女人，她经常与苹果、扇贝壳、鸽子、鹅为伴。阿佛洛狄忒乘坐的是由麻雀牵引的飞行战车。

阿佛洛狄忒的特殊能力是爱和欲望。她有一条腰带，可以让其他人爱上

《阿佛洛狄忒的诞生》（油画）

佩戴者。其他一些希腊女神，例如赫拉，会时不时借用她的腰带。阿佛洛狄忒有能力让吵架的夫妻再次坠入爱河。

古希腊神话中有两个故事讲述了阿佛洛狄忒的诞生。第一个说她是天空之神乌拉诺斯（Uranus）的女儿。她从大海的泡沫中诞生，漂浮在扇贝壳上，她从海中升起的巨大贝壳中走了出来，赤脚走上海滩，之后前往赛普拉斯岛（Cypress）。之后，阿佛洛狄忒坐上了一对鸽子拉的彩车向奥林匹斯山上飞去。奥林匹斯山上的众神见到美貌非凡的阿佛洛狄忒都绝口称赞、为之倾倒。第二个故事说她是宙斯和泰坦女神狄俄涅（Dione）的女儿，狄俄涅在特洛伊战争的故事中帮助照顾阿佛洛狄忒养伤。

在宙斯的安排下，阿佛洛狄忒嫁给了跛脚又丑陋的锻造之神赫菲斯托斯，但婚姻一点也不幸福。后来她爱上了战神阿瑞斯，并和阿瑞斯生下了小爱神厄洛

米洛斯的阿佛洛狄忒雕像

斯。阿佛洛狄忒和她的儿子厄洛斯负责使人或神坠入爱河，厄洛斯用他的魔法弓箭实现这一目标。

在特洛伊战争中，阿佛洛狄忒站在特洛伊一边，她还说服战神阿瑞斯在战争期间支持特洛伊。

阿佛洛狄忒最著名的一个牺牲品是海伦。海伦是凡人中最美的女子，而特洛伊战争爆发也与“美貌”相关。冲突女神厄里斯（Eris）将一枚写着“送给最美丽的女神”字样的金苹果扔到众神面前，众女神纷纷争抢。最终天后赫拉、雅典娜、阿佛洛狄忒三位女神难分胜负。宙斯请来小亚细亚半岛特洛伊城的王子帕里斯（Paris）来判定，在这场选美竞赛中，赫拉许诺给他力量，雅典娜许给他智慧，阿佛洛狄忒则承诺给他世界上最美丽的凡人女子海伦的爱。帕里斯最后选择了阿佛洛狄忒。阿佛洛狄忒让海伦爱上了帕里斯，后来帕里斯从希腊国王那里偷走海伦并将她带到特洛伊，从而引发了特洛伊战争。

阿佛洛狄忒的早期形象大多艳丽多姿，后来常常被描绘成裸体少女，最著名的是公元前 2 世纪的古希腊雕塑作品《米洛斯的维纳斯》（又称《米洛斯的阿佛洛狄忒》），相传是亚历山德罗斯（Alexandros）所制作，雕像高贵端庄，呈现出一种成熟的女性美。

十一、普罗米修斯与潘多拉

在古希腊神话中，对人类的产生和发展，普罗米修斯（Prometheus）是最有功劳的一个神。普罗米修斯是泰坦神族的子孙。他看见大地长满了繁茂的草木，出没着各种野兽，海洋蕴藏着丰富的水产，却没有被开辟利用。于是，普罗米修斯从大地取来泥土，用水调匀，仿照神的形象，塑造了人。他把一个个泥人放到空旷的原野中去，并请智慧女神雅典娜给予他们以灵魂，使他们能呼吸、生活。这样，世间才有了人类。

人类在诞生之初，赤身裸体，赤手空拳，经不起严寒的侵袭，也不能抵抗猛兽的伤害。于是，他们成群结队，四处避难，没有固定的住处。普罗米修斯看到人类遭受的苦难，十分痛心，决计要帮助他们摆脱灾祸。他知道，要使人类摆脱困境，只有掌握火，才可能实现。但是，火是宙斯掌握的最强大的武器，要请求宙斯把这个万能的法宝交给人类，他是绝对不会答应的。于是，普罗米修斯便摘取一枝茴香杆，从太阳车旁偷偷地点燃。他持着火种降到地上，顷刻间，第一堆丛林的火柱就升了起来。这样，人类第一次在黑暗里见到了光明，在严冬里获得了温暖。普罗米修斯又教导人类用树叶兽皮遮蔽身体，在树上或岩洞中建造房屋。他还传授人们捕捉鱼虾、驯养家畜、播种谷物等各种生产技术。这样，人类日益繁荣昌盛起来。

这时候，宙斯发现天火被盗去人间，于是他严厉地惩罚了普罗米修斯。他把普罗米修斯绑在高加索山的悬崖绝壁上，派一只凶猛的巨鹰去啄食他的肝脏。夜间巨鹰飞走后，肝脏又重新生长出来，黎明时巨鹰又去啄它。就这样，日复一日，普罗米修斯为人类幸福而承受着长期的折磨。

宙斯惩罚了普罗米修斯后，还不肯善罢甘休，便又想出新的毒计来惩罚人类。原来普罗米修斯所造之人都是男子，由他的弟弟厄庇米修斯（Epimetheus）做领袖。于是，宙斯便命令锻造之神赫菲斯托斯制造出人间第一个女人潘多拉（Pandora）。诸神把她打扮得妩媚动人。随后，宙斯叫多才多艺的神使赫尔墨斯将其作为礼物送给厄庇米修斯。普罗米修斯曾经警告过厄庇米修斯，要他不要接受宙斯的任何礼物。但厄庇米修斯见到年轻美丽的潘多拉便动了心，早把哥哥的话抛在耳边，立刻把潘多拉迎娶了过来。

潘多拉被送来时，手里捧着一只巨大的匣子，这是一份神奇的赠礼。她刚刚走到厄庇米修斯那里，就突然掀开匣盖，于是，里面有许多小怪物涌了出来，满天飞去。这些小怪物就是各种灾荒、疾痛，以及疯狂、嫉妒、忧愁

《普罗米修斯》(油画)

等等。它们散到人间，从此人类便滋生了大大小小的不幸和罪恶，世界再也不太平了。可是，匣子底部却还深藏着一件美好的东西——希望，这就是“灾星”降世以后留下的唯一宝物。所以，后来古希腊人说，人们不管遇到怎样的厄运，都不应该完全丧失勇气和信心，因为那没有飞走的希望，总还留在我们的心间。

《潘多拉》（油画）

十二、古希腊英雄赫拉克勒斯

英雄传说也是希腊神话中的重要组成部分。它起源于人们对远古时代的社会生活以及同自然做斗争的回忆。在这些传说中，创造了许多英雄人物和故事，这些传说都是以不同的英雄人物为中心形成的一个个动人故事。

赫拉克勒斯是古希腊神话中最伟大的英雄，他以惊人的力量、勇气和智慧而闻名。赫拉克勒斯的父亲是众神之王宙斯，母亲是美丽的底比斯公主阿尔克墨涅。赫拉克勒斯在孩提时代就拥有惊人的力量，当宙斯的妻子赫拉发现赫拉克勒斯的存在时，便想杀死他。她让两条大蛇偷偷溜进他的婴儿床，然而，赫拉克勒斯宝宝却抓住了蛇的脖子，徒手掐死了它们。

婴儿时的赫拉克勒斯雕像

他的母亲试图像普通孩子一样抚养他，使他像凡人孩子一样上学，学习数学、阅读和写作等科目。然而，有一天赫拉克勒斯生气了，用他的七弦琴打了他的音乐老师的头，最后不小心杀死了他。

赫拉克勒斯住在山上，在那里，他当过牧牛人。在赫拉克勒斯 18 岁时的一天，一只巨大的狮子袭击了他的牛群，赫拉克勒斯赤手空拳杀死了狮子。在打死狮子后，他听说底比斯正遭受外邦的侵略，便自告奋勇出来帮助底比斯国王克瑞翁。赫拉克勒斯率领底比斯的青年英勇作战，很快就把侵略者消灭了。克瑞翁为了酬谢赫拉克勒斯，便把女儿墨伽拉（Megara）许配给了他。

这时，狠毒的赫拉又施用毒计来坑害赫拉克勒斯，使他得了疯狂病。在一次打猎时，他失去了意识，把墨伽拉为他所生的孩子们当作是一群蛇给射死了。等赫拉克勒斯清醒过来后，非常痛恨自己犯下的罪过，决意弃家出走。

赫拉克勒斯想摆脱他的罪恶感，便去寻求德尔斐神谕的建议。神谕告诉赫拉克勒斯，他必须为阿尔戈斯国王欧律斯透斯（Eurystheus）服务10年，并完成国王要求他完成的所有任务。如果他这样做了，就会被原谅，不会再感到内疚。

赫拉克勒斯从此多次建立奇功，这些功绩包括：杀掉一只铁石铜器所不能伤害的狮子；砍死了一条九头大水蛇；追捕到一只奔跑如飞的金角铜蹄鹿；活捉了一只凶恶的野猪；一天之内打扫了饲养着三千头牛、积了多年粪垢的牛棚；射死了铁翼、铁爪、铁嘴的怪鸟；驯服了一匹破坏性很大的疯牛；捕捉了一匹食人肉的凶马；到亚马逊女人国取来了女王的腰带；杀死了三头三身六臂六脚的巨人革律翁（Geryon）等。在去消灭革律翁的途中，赫拉克勒斯扼死了巨人安泰（Antaeus）。安泰是大地女神盖亚的儿子，力大无比。他还具有一个让他永不失败的能力：每当他被敌人击败倒地的时候，可以从他母亲——大地身上重新吸取无尽的力量，再站起来打败敌人。赫拉克勒斯在同安泰进行搏斗时，事先知道了安泰的秘密，便趁他不提防的时候，突然把他举到空中。安泰挣扎着，但他已和大地母亲失去了联系，安泰就这样被赫拉克勒斯扼死了。

欧律斯透斯看到赫拉克勒斯这样英勇无敌，又交给他一项艰巨的任务，让他去夺取夜神赫斯珀里得斯（Hesperides）女儿们的金苹果。这真是一件无法想象的难事，因为守护金苹果树的是一头百眼怪兽，它那一百只眼睛每时每刻都有一部分圆睁着，谁也不能逃过它的目光。但是，赫拉克勒斯毫不畏惧地接受了任务。

赫拉克勒斯听说金苹果可能放置在非洲的某一个花园里，就渡海来到埃及，他看见这里的国王残暴地统治人民，便把昏庸的国王、王子和助纣为虐的祭司全都杀掉，解救了当地的百姓。然后，赫拉克勒斯来到高加索山上射杀了凶猛的巨鹰，解救了普罗米修斯。普罗米修斯告诉赫拉克勒斯去找他的

赫拉克勒斯之死

弟弟阿特拉斯（Atlas），让他去取金苹果。

阿特拉斯是个托天的巨人，用肩膀顶着天。赫拉克勒斯找到了阿特拉斯，并暂时代替他把天担在双肩上。阿特拉斯最终杀死了百眼怪兽，取来了三个金苹果。可是阿特拉斯尝到自由的快乐后，便不想再干托天的苦差事了。他对赫拉克勒斯说：“你继续托着吧，我替你把金苹果送给欧律斯透斯去。”赫拉克勒斯从容地说：“那太好了，只是现在请你帮我把天扛一下，我要在肩头上垫些东西。”阿特拉斯放下金苹果，刚把天接到肩上时，赫拉克勒斯就捡起金苹果走了。他回过头来对恼怒的阿特拉斯说：“亲爱的阿特拉斯，你这样没有头脑，还是由你永远肩负着天吧！”

就这样，赫拉克勒斯完成了12项任务，他终于又同常人一样，重新获得了自由和欢乐。以后他又接连建立了许多光辉的功绩，并创立了几座著名的城市。

十三、伊阿宋取回金羊毛

伊阿宋（Easun）是伊俄尔科斯国王埃宋（Ason）的儿子，伊阿宋出世前，他的叔父珀利阿斯夺取了其父亲的王位，并将其父亲赶走。伊阿宋长大以后，回到故乡，要求叔父恢复他父亲的王位。阴险的珀利阿斯为了陷害伊阿宋，便向他提出了取回金羊毛作为恢复王位的条件。

原来金羊毛是件非常难得的稀世之宝，它的故事早已传遍整个希腊。据说，过去有一个王子和他的妹妹，遭后母诬害被处以死刑。刽子手正要行刑时，突然一只金毛羊从天而降，救走了这对无辜的兄妹。后来，金毛羊飞到了遥远的科尔喀斯，并死在那里。科尔喀斯国王剥下了金羊毛，把它挂在一株参天的古橡树上，还派了一条日夜不眠的凶恶的毒龙守护着，古希腊人把金羊毛看作是世上的无价之宝。

伊阿宋听叔父让他去取金羊毛，就立即同意了。他聘请古希腊最优秀的工匠，造了一艘坚固的大船，取名“阿耳戈”。智慧女神雅典娜送来了一块能说话的神木，伊阿宋把它雕成鸟头放在船首，用来引航。伊阿宋还邀请当时希腊各地的著名英雄前来相助，如赫拉克勒斯等。

一路上，他们战胜了无数艰难险阻，最终到达了科尔喀斯，伊阿宋便同他的同伴去见国王埃厄忒斯（Aeetes）。埃厄忒斯对伊阿宋说，只有完成他指定的 3 件事情，金羊毛才可以带走，那就是：驾着两头喷火的公牛耕好四亩地；在耕好的地里播种龙齿；制伏守护着金羊毛日夜不眠的毒龙。勇敢的伊阿宋接受了这些条件，答应第二天就去完成。

伊阿宋的英俊和英雄行为，深深地打动了国王的女儿美狄亚（Medea）的心。美狄亚是个精通巫术的少女，有着一颗炽热的心，当天夜里，她偷偷地来到伊阿宋的卧室，表示愿意帮他完成取得金羊毛的任务。伊阿宋接受了她的爱情，约好在取得金羊毛以后，同她一道回国。美狄亚把完成任务的方法详尽地告诉了他。

第二天，伊阿宋满怀信心地去履行任务。他首先制伏了火牛。这两只凶暴无比的公牛长着铁角铜蹄，鼻孔里冒着黑烟红火，巨大的躯体就像一座冶炼炉。火牛所到之处，四周草地全被烧枯，泥土焦干得露出深深的裂缝。可是，伊阿宋拿着美狄亚给他的一支魔草，却一点也不怕灼热。他用手抚摩着牛，将它们驯服，然后把犁套在牛颈上，驱赶着翻开龟裂了的泥土。不一会儿，四亩地就耕完了。

接着，伊阿宋取来龙齿，撒在刚翻起的泥土中。只见这些浸满了毒汁的种子，一入土便发芽成长，转眼间，一个个披甲戴盔的武士破土而出，手中拿着刀枪，团团围住伊阿宋。伊阿宋不慌不忙，轻轻跳到旁边，搬起脚旁的一块大石头，投向武士们中间。这一来，武士们都围绕着石头互相残杀起来。经过一阵混战，田地里躺满了武士们的尸体。

《伊阿宋和美狄亚》（油画）

这时，坐在一旁观看的国王埃厄忒斯不由得怒气冲天，并且怀疑自己的女儿在使用巫术帮助伊阿宋，便说取金羊毛的事明天再说。美狄亚看出了父亲的疑心，趁着黑夜跑到“阿耳戈”船上，要伊阿宋当夜就去取金羊毛。于是，美狄亚带领伊阿宋走进那座古老幽暗的黑森林。他们披荆斩棘，摸索着前进。一会儿，他们望见森林中射出的一片金光，知道快要到悬挂金羊毛的地方了，便放轻脚步走过去。果然，在前面一棵参天的古橡树上，挂着闪闪发光的金羊毛，树下盘踞着那条凶恶的毒龙。美狄亚屏住呼吸，小心翼翼地走到离毒龙只有几尺远的地方，取出催眠汁向毒龙身上洒去，一边又念了三遍催眠咒语。不一会儿，毒龙就闭上眼睡熟了。伊阿宋立刻跳过去，从橡树上取下闪耀着灿烂光芒的金羊毛。在金羊毛灿烂光芒的照耀下，他们回到了“阿耳戈”船上，“阿耳戈”的英雄们马上起锚开船，带着金羊毛凯旋。

十四、雅典王忒修斯

在离雅典很远的地方有个小国，名为特洛曾（Troezen）。从前，雅典王埃勾斯（Aegeus）来到这里，跟王国公主埃特拉结了婚，但婚后不久就走了。离别前，雅典王在海边一块巨石下放了两件信物，他吩咐妻子，以后如果生了男孩，就取出这两件信物到雅典去找他。后来她果然生了个儿子，取名忒修斯。

当忒修斯长成健壮的少年时，母亲把他带到海边，叫他把巨石翻转过来，只见下面放着一双金鞋和一把宝剑。母亲把这两件东西交给忒修斯说：“我的好孩子，去吧。你是雅典王的儿子，你要去为雅典人争光，也为母亲争光。”

第二天，忒修斯就告别母亲，动身前往雅典。当时，在雅典的山泽中，经常出没着许多凶恶的盗匪，危害人民，忒修斯决心为民除害。因此，他没有走比较安全的海路，而选择了崎岖的山路。一路上，他除掉了很多为非作歹的强盗，最终来到雅典。

忒修斯在王宫前见到了国王埃勾斯。埃勾斯从金鞋和宝剑上认出了自己的儿子。父子俩相见甚欢。一天，当忒修斯正在同国王闲谈时，宫外忽然传来一片哭叫声。原来，过去雅典曾被克里特打败，被迫答应每隔九年给克里特的牛头人身怪物弥诺陶洛斯献上年轻的七男七女。现在又到献祭的日子了，大家都在为这件不幸的事发愁。忒修斯为了解除人民的苦难，主动请求国王让他到克里特去。国王阻拦不住，只得答应。于是，忒修斯代替一名应征的青年，准备去见克里特王米诺斯。

启程的这一天，全城的百姓把忒修斯和其他 13 名青年男女送到海边，默默地望着他们登上挂着黑帆的大船。埃勾斯在临别前嘱咐忒修斯，如果平安归来，记得把船上的黑帆取下，换上白帆。

忒修斯等人顺利到达克里特。忒修斯在国王米诺斯面前勇敢地说，他们来此并非来做牺牲品，而是要为人民除掉这一大害。他还说："雅典人一定会胜利。请国王明天先放我单独进迷宫。"这时，站在国王身边的公主阿里阿德涅（Ariadne）已被忒修斯深深吸引，她知道，弥诺陶洛斯住的这座迷宫，里面柱子林立，迂回曲折，无论谁进去都会迷失方向，难以生还。她于是决定亲自帮助忒修斯完成任务。

当晚，阿里阿德涅偷偷跑去会见忒修斯，向他倾诉爱慕之情，并送给他一个线团和一把魔剑，还教给他进出迷宫的方法。忒修斯感谢阿里阿德涅，并欣然接受了她的爱情，约定第二天杀掉弥诺陶洛斯以后，就同她一起乘船回雅典。

第二天，忒修斯吩咐同伴们做好返航的准备，然后独自走进迷宫。他按照阿里阿德涅的指示，把线头结在迷宫入口处的大门上，之后用右手牢牢拿住线团，边走边放，慢慢前进。他走过许多曲折的暗道，最后在迷宫的中心广场看见了半人半牛的怪物弥诺陶洛斯，此时其正在熟睡之中。忒修斯偷偷爬到其身后，举起阿里阿德涅的魔剑，割下了它的头，之后又顺着线团小心地走出了迷宫。

阿里阿德涅和忒修斯的同伴们早已在迷宫外等候。见忒修斯安然走出来，他们高兴极了，立刻登船启航。在回程的路上，大家都因为胜利而高兴得忘记取下黑帆。这时，正在王宫里凭窗远望，希望儿子平安归来的埃勾斯国王，看到远远驶来的是带着死讯的黑帆船，便悲痛地投海自杀了。忒修斯回到雅典后，继承了父亲的王位。

忒修斯打败弥诺陶洛斯雕像

根据史实的记载，忒修斯可能是来自南希腊的一支希腊人首领，在击败阿提卡人的抵抗之后把当地居民统一迁居至雅典，从而实现一定程度上的统一。

雅典人认为，是忒修斯将整个阿提卡统一起来，并通过一系列的改革，使雅典更加繁荣。根据古希腊历史学家修昔底德（Thucydides）记载，忒修斯最先把城邦定名为雅典，废除了之前各个分散的议事会和行政机构，建立统一的议事会和政府机构。他还把雅典居民分为贵族、手工业者和农民三个等级，规定只有贵族才能担任公职官员，这也标志着雅典贵族政治的确立。

第六章 古希腊文学与哲学

一、古希腊字母

几千年前，人类写作时没有任何字母，他们只是用画图来表达自己的观点。随着时间的推移，这些图形逐渐变成了语言文字符号。

据考证，第一个字母出现在中东，一个叫黎凡特（Levant）的地区。黎凡特有非常古老的石头，上面的文字既不是真正的图形，也不是真正的字母，而是两者之间的过渡形式。据信，这发生在公元前 8 世纪左右。

这些非常早期的字母可能是由另一个古代民族腓尼基人带到古希腊的。在公元前 750 年左右，古希腊商人开始接触腓尼基人，他们使用一种称为字母表的文字。这种字母表是一项非常了不起的发明，因为它允许使用大约 30 个左右的字母来发出许多不同的声音，而且它也比楔形文字等图形文字更容易使用。

古希腊字母是第一个使用元音的字母，古希腊人通过添加元音，最终创造了使用 24 个元音和辅音字母的字母文字，形成了字母表，“字母表”（alphabet）这个词来自古希腊字母表的前两个字母——alpha 和 beta。每个字母都有单独的发音，并可独立表现出来，这种语言体系简洁实用，直到现在，世界上大多数国家仍然使用这种体系。

大写	小写	英文名	中文名	大写	小写	英文名	中文名
Α	α	alpha	阿尔法	Ν	ν	nu	纽
Β	β	beta	贝塔	Ξ	ξ	xi	克塞
Γ	γ	gamma	伽马	Ο	ο	omicron	欧密克戎
Δ	δ	delta	德尔塔	Π	π	pi	派
Ε	ε	epsilon	伊普西龙	Ρ	ρ	rho	肉
Ζ	ζ	zeta	泽塔	Σ	σ	sigma	西格马
Η	η	eta	艾塔	Τ	τ	tau	套
Θ	θ	theta	西塔	Υ	υ	upsilon	宇普西龙
Ι	ι	iota	约塔	Φ	φ	phi	佛爱
Κ	κ	kappa	卡帕	Χ	χ	chi	赛
Λ	λ	lambda	兰布达	Ψ	ψ	psi	普赛
Μ	μ	mu	缪	Ω	ω	omega	欧米伽

古希腊字母表

一旦古希腊人有了自己的字母表，他们就会写下各种各样的东西：他们在陶器上写下自己的名字，以表明是属于他们的；他们写诗和故事，有时写在花瓶上；他们写下祭品给众神；有时他们还会写谜语和笑话。古希腊人所写的文字，包括寓言、神话、传说、商业信件、日记、合同和会议记录等，帮助学者们发现了大量关于古希腊日常生活的信息。

古希腊字母最初有不同的地域版本。最终，爱奥尼亚城邦使用的版本成为标准的希腊字母。

英语里面有很多单词可以追溯到古希腊语，连“历史”（history）这个词都可以追溯到“histori”这个古希腊单词，它的意思是询问、知识和叙述。许多希腊字母至今还广泛用于物理和数学领域。它们通常用于表示常量、变量和函数。一些例子包括：

Δ，Delta，数量上的差异或变化；

π，Pi，圆周率；

λ，Lambda，物理学中光的波长；

θ，Theta，通常用于表示角度；

Σ，Sigma，用于表示多个项目的总和。

二、《荷马史诗》

古希腊早期最伟大的文学作品是《荷马史诗》，包括《伊利亚特》和《奥德赛》两部分，主要记叙古希腊伟大英雄的光荣事迹。

《伊利亚特》共 24 卷，有 15693 行，在古希腊黑暗时代，旅行的演讲者开始口头讲述和演唱。在古希腊黑暗时代之后，古希腊诗人荷马据说在公元前 750 年到公元前 650 年之间记述下了整个故事。《伊利亚特》是特洛伊战争第十年也是最后一年的故事，充满了冒险、魔法、战斗和友谊，它的中心人物是勇敢而强大的古希腊战士阿喀琉斯。

故事开始时，特洛伊战争已经肆虐了近十年，希腊军队在特洛伊城墙外扎营。希腊军队统帅阿伽门农俘虏了一个名叫克律塞伊斯（Chryseis）的女人。她的父亲提议付钱给阿伽门农以释放她，但遭到拒绝。随后，她的父亲

《荷马史诗》作品手稿

祈求阿波罗的帮助，很快，阿波罗就袭击了希腊人。最终，以阿喀琉斯为首的希腊勇士迫使阿伽门农释放了克律塞伊斯。然而，为了报复阿喀琉斯，阿伽门农从阿喀琉斯手中抓住了一位名叫布里塞伊斯（Briseis）的女奴。

阿喀琉斯对阿伽门农非常生气，他拒绝再参与战斗，甚至要求其母亲仙女忒提斯（Thetis）向宙斯祈祷以帮助特洛伊人。尽管宙斯在战争期间一直保持中立，但他最后决定帮助特洛伊人。

特洛伊人和希腊人之间的战斗仍在继续。众神参与的程度更甚。当特洛伊的王子赫克托耳被巨石击中时，阿波罗治愈了赫克托耳，使他比以前更强壮、更快。在赫克托耳的带领下，特洛伊人将希腊人赶回了岸边。就在希腊人似乎要输掉战争的时候，阿喀琉斯最好的朋友帕特洛克罗斯（Patroclus）请求阿喀琉斯出战。阿喀琉斯再次拒绝。帕特洛克罗斯随即披上阿喀琉斯的

《阿喀琉斯与阿伽门农的纷争》（油画）

盔甲投入战斗，他打得很好，希腊军队势如破竹，直到他遇到赫克托耳。赫克托耳杀死了帕特洛克罗斯并夺走了他的盔甲。

阿喀琉斯因失去朋友而悲痛欲绝，发誓要为他报仇。他让锻造之神赫菲斯托斯为他锻造新盔甲并重新加入战斗。不久，希腊人将特洛伊人赶回了特洛伊城。阿喀琉斯和赫克托耳终于在战斗中对峙，经过长时间的战斗，阿喀琉斯杀死了赫克托耳。但阿喀琉斯有一个弱点，那就是他的脚后跟。当他的母亲将他浸入冥河时，她抓住了他的脚后跟，这是他唯一脆弱的地方。阿波罗知道他的弱点后，当特洛伊城的王子帕里斯向阿喀琉斯放箭时，阿波罗引导箭射中了阿喀琉斯的脚后跟。阿喀琉斯很快死于脚伤。

希腊联军中伊塔卡岛国王奥德修斯（Odysseus）想出了一个关于希腊人如何进入特洛伊城的计策。他们造了一匹大木马，奥德修斯带领一些士兵藏在马里，而其余的希腊军队则上船扬帆远去。特洛伊人认为他们赢得了这场战斗，而这匹马便是一份礼物，于是把马带进城里，开始庆祝胜利。夜间，希腊船只返回。奥德修斯和他的手下偷偷溜下木马，杀死守卫，打开了城门。希腊军队进入城门并消灭了特洛伊人，最终赢得了战争。

《奥德赛》相传也是古希腊诗人荷马所著，它讲述了成为古希腊英雄的奥德修斯的许多冒险经历。在荷马写下来之前，《奥德赛》中的许多故事都被口头流传了数百年。

奥德修斯在特洛伊战争结束后开始了他的旅程，他带领部众启程前往他们的家乡伊萨卡。然而，宙斯对希腊人很生气，一场巨大的风暴将奥德修斯和他的部众冲散，他们在寻找回家的路时经历了许多冒险。

奥德修斯的第一次冒险是在食莲者岛上，岛上的人以植物为食。他们给了奥德修斯的部众一种植物，让他们忘记了自己的家，只想和食莲者待在一起。奥德修斯不得不将他的部众拖到船上并用链子锁住他们，这样才得以继续接下来的旅程。

奥德修斯和他的部众接下来登陆了一个岛屿，岛上居住着一群独眼巨人，他们被一个名叫波吕斐摩斯的独眼巨人俘虏在一个山洞里，这个独眼巨人其实就是海神波塞冬的儿子。为了逃跑，奥德修斯让伙伴们藏在羊的肚子下面，就这样逃出了山洞。

接着，奥德修斯他们又来到了风神岛，风神（Aeolus）不仅整整招待了他们一个月，临行之前还送给了奥德修斯一件宝物，是一个牛皮口袋，里面装满了风，只要把口袋打开，就能一帆风顺地回家了。结果伙伴们见奥德修斯一直当宝贝似的拿着牛皮口袋，以为里面装的是金银珠宝，他们趁奥德修斯睡着以后偷偷把口袋打开，顿时狂风骤起，又把他们刮回了风神岛上。

在继续的航行中，船员们不得不通过一个危险的通道。在那里，他们遇到了一头名叫斯库拉（Scylla）的海怪。斯库拉有 6 个头和 12 只触角，它用它的 6 个头抓住了奥德修斯的 6 个手下，但船只得以逃脱。然而，这艘船很快就遇到了名为卡律布狄斯的大旋涡怪，他们险些被拉入海底。

最终，奥德修斯的所有手下都在航行中丧生，他的船只也被摧毁，只剩下奥德修斯自己了。他紧紧抓住一块木头在海洋中漂浮了九天，最后，他降落在一个由仙女卡吕普索（Calypso）统治的岛屿上。

卡吕普索爱上了奥德修斯，希望他永远和自己在一起，但奥德修斯不同意，于是她将奥德修斯囚禁了七年。女神雅典娜十分欣赏奥德修斯，开始设法营救他，她要求宙斯出面让卡吕普索释放奥德修斯。20 年后，奥德修斯终于回到了家乡。他家里有很多浪荡公子试图说服他的妻子珀涅罗珀（Penelope）嫁给他们中的一个，他们确信奥德修斯已经死了。奥德修斯的妻子安排了一场比赛，任何男人只要能射穿 12 把斧头，就可以娶她。奥德修斯伪装成乞丐，一箭射穿了 12 把斧头，并杀死了所有求婚的男人，向妻子透露了自己的身份，最终俩人圆满地在一起。

三、《伊索寓言》

在古代外国文学作品中，就其流传范围之广来说，恐怕要首推《圣经》中的宗教故事、《一千零一夜》中的民间故事和《伊索寓言》了。有些人即使没有读过《伊索寓言》这本书，但肯定也知道这本书中的一些故事，像《农夫与蛇》《披着羊皮的狼》《龟兔赛跑》等。

关于伊索其人，人们推测他生活在公元前 7 世纪。据说，他原是萨摩斯岛的一名奴隶，由于才智出众而获得自由。他游历了当时希腊各地，在撒狄受到吕底亚国王克洛伊索斯的重用。后来作为克洛伊索斯的特使去德尔斐，被当地居民指控亵渎神灵，攻击权贵，被推下悬崖而死。

由于没有确凿的史料，对伊索其人的看法众说纷纭，莫衷一是。有人认为伊索是寓言作家，流传于后世的《伊索寓言》便是人们根据他所讲的寓言故事记录整理的；有人认为他只是一个讲寓言故事的高手；有人则认为历史上根本没有伊索其人，“伊索”这个名字都是后人的假托。但有一点无可辩驳，在公元前 5 世纪后期，古希腊人已经公认他是寓言的作者，正如《伊利亚特》和《奥德赛》被公认为荷马的作品一样。

还有一点可以肯定，即目前流行的《伊索寓言》不是产生于同一时代，也不是出自伊索一人之手。后来确有不少寓言故事，甚至中世纪的作品，都被冠以伊索的名字。这也使得今天流传的《伊索寓言》有各种版本，篇目和内容也不尽相同。

所以，现在流行的《伊索寓言》中，有一些寓言，如《鹰和屎壳郎》等很可能是伊索本人的作品或伊索生活时代的创作，但就整个文集而言，应该是古代希腊寓言的汇编，是古希腊人在相当长的一个历史时期内的集体创作，而伊索只是其中的一位作者。

《伊索寓言》一个突出的艺术特色是非常广泛和出色地运用拟人化的表现手法，如流传广泛的《龟兔赛跑》《狐狸和葡萄》《狼和小羊》等，都是赋予各种各样的动物以人的思想和语言。由于拟人化，一些动物在长期流传中形成了典型的特性，如狐狸的狡猾、狼的凶残、兔子的胆小等，这些特性被广泛用来讽刺人类的弱点，达到了入木三分的艺术效果。作者借它们形象地说出某种思想、道德或生活经验，使读者得到相应的教训。这些故事有的教导人们要正直、勤勉；有的劝人不要骄傲，不要说谎；也有的说明做事要按规律、量力而行；还有不少故事隐含了凶残的强者常常被弱者战胜等寓意。

《伊索寓言》的另一个艺术特色是非常出色地运用了对比手法。如在《农夫与蛇》中，通过农夫的善良与蛇的邪恶的对比，农夫开始时对蛇的怜悯与后来对蛇的憎恶的对比，最后用农夫的感叹画龙点睛地把主题揭示出来。

四、诗人品达

抒情诗是诗人以个人的主观感怀为主题，在音乐的伴奏之下抒发情感、吐露心曲的一种诗歌形式。

公元前 7 世纪至公元前 6 世纪是古希腊抒情诗创作的全盛时代，公元前 5 世纪以后逐渐衰落。品达是生活在这一时代的抒情诗人，他一方面承袭了抒情诗的创作形式，另一方面又使之发扬光大。

品达（约公元前 518—前 438 年）出生在底比斯，他的父亲是一位著名的长笛演奏家，在音乐家庭中长大的品达也喜欢音乐，并对吹笛一技颇有心得。他的父母为使他在音乐方面有所成就，曾把他送到雅典，由杰出的抒情诗人拉苏斯教授他写作合唱曲。品达在十几岁的时候回到了故乡底比斯，并跟随客居在那儿的女诗人利丽娜学习作诗。像古希腊的很多文人骚客一样，品达也曾周游过古希腊的诸多城邦，并成为当地达官显贵家中的座上宾。

古罗马时期所制的品达雕像

品达到过雅典好几次，希波战争之际，他虽未亲临战场，但他用诗文鼓舞希腊人的爱国斗志。他不仅受到了古希腊各城邦达官贵人的礼遇，同时也受到广大民众的爱戴。据说，雅典人曾授予他“国民诗人”的荣誉，并在雅典城为他立像。公元前 438 年，品达客死异乡，享年 80 岁。

品达一生勤于创作，为他的每一首诗都谱上了曲，并经常训练合唱班吟唱他所写的诗。留传下来的品达诗作几乎全部是赞美在包括奥林匹克运动会的古希腊四大体育比赛中获胜贵族的凯旋歌。这些凯旋歌根据赛会的名称分为四卷，计 45 首，但凯旋歌的乐曲部分早已不复存在，只有残存的歌词帮助我们了解诗人独到的创作风格。

在品达的凯旋歌中，运动场上激动人心的紧张场面并不是他所要描写的主题，赛跑中的运动健将、奔驰着的马拉赛车以及拼搏角逐的斗士对他来说都不重要，重要的是赛场上的夺冠者，因为在他的眼里，“优胜者是贵族的高贵代表，体现了人类的真正理想，是一位具有宗教色彩的人物。比赛是以天神的名义举行的，比赛中的冠军通过他的体魄和意志的最大努力为天神增添了光辉”。

除了凯旋歌以外，品达还创作了大量的颂神歌、酒神颂、女神赋、少女歌以及挽歌。他称自己的抒情诗是“盛满了美酒的酒觞”，是“色泽鲜艳的花朵”。他把自己比作一只“飞向太阳的雄鹰”，而其他诗人不过是“徒然地叫喊着的乌鸦”，抑或是一群“遍地觅食的叽喳喳的小鸟”。品达的这种贵族式的自负怕是没有一个古代作家堪与之相比，而他寓意深奥、神话连篇、韵律繁复的创作风格更是少有后世的诗人效仿。

五、古希腊戏剧

古希腊的戏剧产生于公元前 6 世纪，在公元前 5 世纪达到鼎盛时期。作为当时希腊城邦里最重要的大众艺术活动，戏剧通常在公共场所表演，为民众所喜闻乐见，成为古希腊人最喜欢的娱乐形式之一。戏剧分为诗歌朗诵、悲剧和喜剧三种形式，诗歌朗诵的作品没能流传下来。

戏剧最初是古希腊酒神狄俄尼索斯节日的一部分，“悲剧”的古希腊文“tragoidia”的意思是“羊人之歌”，描绘的是在酒神节上身披羊皮，扮作酒神仆从羊人萨提洛斯的表演者的形象。公元前 534 年，雅典第一次举行大酒神节期间，诗人特斯皮斯首先采用一个演员与歌队一起表演，从而把单调的酒神颂歌变成了悲剧，这被认为是古希腊悲剧的发轫。目前流传下来的戏剧作品都是雅典的，因此目前讨论的古希腊戏剧都是指雅典的戏剧。

悲剧和喜剧的英文单词均来自古希腊文，“剧院”（theater）一词也来自古希腊语“theatron”，意思是“观看的地方”。虽然古希腊人不是第一个表演戏剧的人，但他们对悲剧和喜剧的起源非常感兴趣。哲学家亚里士多德和其他古希腊作家在他们的著作中提出了关于戏剧艺术形式如何发展的理论。

戏剧在雅典的户外剧院演出，最初，剧院位于城邦中心或山坡旁的空地上，观众会站着或坐着欣赏合唱团唱出关于神或英雄的冒险经历。到公元前 6 世纪末，剧院结构变得更加精致，剧院变得越来越大，一些剧院可以同时容纳多达 1.5 万人。雅典的剧院非常大，可容纳超过 1 万人。它们是露天剧院，在主舞台周围建有一个半圆形的分层座位，碗形的座位让演员的声音传遍了整个剧院。古希腊著名悲喜剧的首演都是在雅典的狄俄尼索斯剧场举行的。

狄俄尼索斯剧场是一座呈半圆扇形的露天剧场、可容纳 1.5 万名观众。石制的看台没有靠背，前排少数几个有靠背的大理石座位是为酒神祭司及政府官员而设的专席。半圆形的舞台在剧场的底部。舞台后面有一所小房，是用来作道具的，房屋面对观众的墙面上可根据剧情的需要画上背景，或宫殿，或庙宇。随着绘画的发展，布景也得以改进。萨摩斯岛的阿卡达尔库斯为埃斯库罗斯的悲剧所绘制的背景已具有了远近深度的透视变化；另外，由若干机械装置控制的道具，可使人能表演出神或英雄凌空飞翔的动作。

在雅典，只有在每年一度的酒神节才上演悲剧，属于庆祝活动的一部分。上演的剧本事先要交执政官审核。演出负责人是由雅典的十个行政区选出的一人出任，由他负责歌手、舞蹈者以及演职员的各项开支。至于舞蹈者

狄俄尼索斯剧院遗址一角

和演员平时排练的费用，则由戏剧家个人承担。悲剧或喜剧作家通常要亲自导演他们的剧目，有时也出演剧中的某个角色。

古希腊戏剧的情节通常只发生在一天之内，地点也不变换，在情节上也往往只有一条主线。古希腊戏剧大都取材于神话、英雄传说和史诗。古希腊人表演的戏剧主要有两种类型：悲剧和喜剧。古希腊悲剧是非常严肃的戏剧，它们通常讲述一个神话英雄的故事，悲剧中的主人公往往具有坚强不屈的性格和英雄气概，却总是在与命运抗争的过程中遭遇失败。古希腊喜剧比悲剧更轻松，它们讲述日常生活的故事，它的创作特点带有浓厚的政治色彩，常用诙谐幽默的形式评论时事，讽刺人物，以揭露社会的不良现象。所以古希腊喜剧大半是政治讽刺剧和社会讽刺剧。

古希腊悲剧的结构很简单，一般以一两个演员的开场白开始。这个开头的演讲或序幕提供了关于角色和剧本的背景信息。古希腊戏剧中的各种角色均由男演员担任，甚至女性的角色也由戴口罩的男性扮演。他们在演出时要罩上面具，其扮相或狰狞可怖或滑稽可笑；头顶高冠、脚蹬厚底鞋以增加身高；戏袍内填塞东西以显示体魁。这样的一种戏装，一方面可以使演员在空旷的露天剧场不致显得过于渺小，另一方面还可使戏剧本身更具威严肃穆的气势。

许多戏剧都伴随着音乐上演。音乐在古希腊戏剧中的地位举足轻重，一般来说，剧作家不但要编写剧本，而且还要为其谱曲。谱曲部分为剧中的抒情诗，演唱形式为独唱、二部合唱、三部合唱等，伴奏乐器为长笛。常见的乐器是里尔琴（lyre，一种弦乐器）和阿夫洛斯管（Aulos，像长笛）。舞台前部附近还有一群表演者，称为合唱团，合唱队员全部为男性，一共 15 人，戏剧家的宗教及哲学观点就是通过合唱的形式转达给观众的。

在酒神节期间，雅典的戏剧表演要持续三天，每天上演五场。古希腊的戏剧大多数很短，每一场戏剧一般不超过一个半小时。在酒神节期间上演的戏剧每天都吸引着成千上万的观众，他们来自社会的各个阶层。雅典政府

《双眼已盲的俄狄浦斯向上帝赞扬他的孩子们》（油画）

为鼓励公民看戏，在入场时会发给每个需要钱的观众两块硬币作为“观戏津贴”，前来看戏的男女观众须分开就座。

演出时，观众经常指指点点，好像也在参加演出。如果台上演员表演不佳，会惹来观众的连串倒彩声；对白念得好，又会有人大加喝彩。有时候，演员与观众甚至在台下大打出手。观众喧哗吵闹，分帮分派，目的是影响戏剧评判。节目结束时，由十名评审员组成的委员会评出最佳悲剧，奖励山羊一只；最佳喜剧的奖品是一篮无花果和一罐酒。到了古典时代，悲剧评比设有三个大奖，喜剧一个，均由政府颁发现金作为奖赏。戏剧比赛的结果收录在剧目一览表中，藏于雅典城邦档案库。

随着时间的推移，这些戏剧节目的观众越来越懂得分辨戏剧的优劣，也越来越难被讨好。如果演出不符所望，他们动辄大喝倒彩，甚至将石头、水果或坚果掷到舞台上。据说，有个三流演员承认，他在一个地方市镇演出时，观众边叫嚷边向他投掷的无花果和其他水果，收集起来足够开一家水果店。

有时候，一出悲剧演到结尾时，舞台上会以一种吊臂状装置造成救星降临的戏剧效果，扮演救星的演员攀着一根绳索左摇右摆地出现在观众眼前，总会引起哄堂大笑。后来，喜剧作家索性利用这个噱头，让一个演员假装吊挂在半空上下不得，拼命示意别人把他拉下，以达到逗观众发笑的效果。

据说，从公元前480年到公元前380年的100年间，在雅典上演的戏剧达2000部之多，其中大都取材于古希腊的神话传说。有时几出戏叙述的是同一个故事，但反映的却是剧作家不同的宗教观和哲学观。

六、悲剧之父——埃斯库罗斯

经过特斯皮斯起一代代戏剧诗人的努力和实践，古希腊戏剧的内容和形式不断扩展和完善，诞生了以“古希腊三大悲剧作家”埃斯库罗斯、索福克勒斯（Sophocles）和欧里庇得斯（Euripides）为代表的古希腊悲剧成就的最高峰。

埃斯库罗斯雕像

埃斯库罗斯（约公元前525年—前456年）是公元前5世纪古希腊悲剧的伟大作家之一。埃斯库罗斯出生于希腊近郊埃琉西斯的一个古老贵族家庭。有记载说，在他童年的时候，有一天他在父亲的葡萄园里睡觉，梦中酒神狄俄尼索斯让他写悲剧。埃斯库罗斯在年轻时曾在军队中服役，并参加过著名的马拉松战役和萨拉米斯战役，由于作战勇敢受到雅典政府的嘉奖。公元前 485 年，他的剧作首次在酒神节上获奖。公元前 472 年，他的作品《波斯人》再次荣获戏剧比赛大奖。这期间，他去了西西里岛，受到叙拉古国王的盛情接待，成为该王朝的宫廷诗人，并把雅典悲剧介绍给当地的人。公元前 468 年，埃斯库罗斯在戏剧比赛中失去了优胜奖，败给了比他小 30 岁的索福克勒斯。公元前 456 年，他再度远走西西里岛，同年客死在叙拉古城。

关于他的死因，有一则故事说，一只在空中飞翔的老鹰抓着一只乌龟，误把埃斯库罗斯的头当作石头而从空中把乌龟摔下，结果把他给砸死了。埃斯库罗斯生前为自己留下的墓志铭，字里行间流露出无比的自豪感，诗人为自己在马拉松战役中的出色表现而自豪，但对于自己在戏剧创作方面的成就却不置一词：

盛产小麦的革拉墓穴掩埋着故去的雅典人埃斯库罗斯，欧福里昂之子。马拉松圣地会称赞他作战时的勇敢，蓄长发的米底人对此也不会有疑议。

埃斯库罗斯对悲剧做过不少创新，其中最重要的就是引进第二个演员（即在台上说话的人，以前只有独白没有对话），使得戏剧冲突得以在舞台上展现，他也因此被誉为“悲剧之父”。

埃斯库罗斯一生一共创作了多达 90 部戏剧，其中只有 7 部传世，包括《俄瑞斯忒斯》三联剧（《阿伽门农》《奠酒人》和《复仇女神》）以及《乞援人》《波斯人》《七将攻忒拜》和《被缚的普罗米修斯》。埃斯库罗斯的悲剧主要以神话为题材，触及当时各种重大的社会问题，思想深刻，气势宏大，人物雄伟，而结构较为简单。

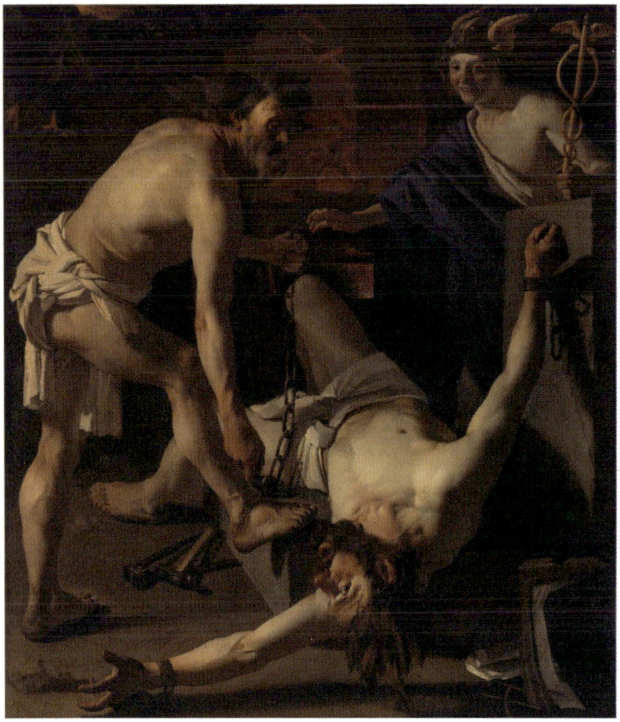

《被缚的普罗米修斯》（油画）

埃斯库罗斯最著名的悲剧是《被缚的普罗米修斯》，它是以普罗米修斯神话传说为题材创作的“三联剧”中的一部，演出于公元前469年或公元前465年左右。这部作品取材于古希腊神话，普罗米修斯因将使用火的秘密泄露给凡人，从而招致宙斯的惩罚。普罗米修斯被宙斯下令钉在高加索的悬崖上，暴露在雨雪风霜和烈日炙烤之中，最后因拒绝透露威胁宙斯地位的人物的信息，被宙斯用雷霆打入深渊。普罗米修斯作为一个反专制、反暴政、热爱人类的英雄一直受到人们的崇敬。马克思给予普罗米修斯的形象以很高的评价，称他是“哲学的日历中最高尚的圣者和殉道者”，诗人还通过对宙斯“所施的不是真理而是残暴”的描写，借以抨击古希腊各邦残暴不仁的僭主。

《阿伽门农》《奠酒人》《复仇女神》是以特洛伊战争结束后，参战的希腊统帅阿伽门农回家被妻子与情夫杀害，其子俄瑞斯忒斯（Orestes）杀母为父报仇为题材的三联剧。

埃斯库罗斯的悲剧充满了宿命的观念以及一连串不可避免的罪恶，如在《俄瑞斯忒斯》三联剧中几代人冤冤相报、血债血偿直至雅典女神创设刑事法庭才以公正的法庭取代了复仇的法律。

埃斯库罗斯的悲剧创作并没有摆脱早期希腊悲剧的表现形式，尽管他通过增加第二个演员使对话成为主要部分，但演员的动作极为简单，抒情部分占有相当重要的地位；合唱队的演唱有如悲剧中的一个真正角色。

七、将军剧作家——索福克勒斯

索福克勒斯（约公元前 496—前 406 年）出生于雅典西北郊的克罗诺斯，父亲是一位富有的兵器作坊主。公元前 480 年，希腊人在萨拉米斯海战中击败波斯人后，年轻的索福克勒斯曾因貌美和音乐天赋而被选为庆祝胜利的朗诵队领队少年。

后来索福克勒斯进入政界，在雅典太平盛世中长大的他与伯里克利交情甚笃，并在他的手下担任要职。公元前 443 年，索福克勒斯出任城邦的财政首长，负责向盟邦征收贡税。公元前 440 年，索福克勒斯当选为雅典十将军之一，进入雅典的最高统治阶层。

索福克勒斯雕像

据说，索福克勒斯晚年与一个名叫特奥里丝的“伴侣”朝夕相处，并生有一子。他的嫡生子伊奥芬唯恐遗产旁落他人，竟将他告上法庭，指控他年老昏聩，不堪掌管财物。索福克勒斯在法庭上朗读了自己所写的悲剧，以证明自己意识清醒。结果，索福克勒斯胜诉，并在法官的护送下回到家中，与“伴侣”特奥里丝欢度晚年。

索福克勒斯在 90 岁那年溘然长逝，当时正值斯巴达围困雅典。他的遗体在斯巴达将领的特许之下被运出雅典城，安葬在德塞莱亚他父亲的墓穴中。

索福克勒斯早年就盛名远扬，在戏剧竞赛中多次胜过埃斯库罗斯，他将舞台上说话的演员增加到三名，使戏剧冲突更加激烈。古希腊悲剧的结构程式在索福克勒斯的作品中达到十分完善的程度，后世无太大变化。他的悲剧布局复杂、严密，对疑难的“解”描写细致入微，令人信服。

索福克勒斯一生创作了约 130 部悲剧和萨提洛斯剧，现存 7 部悲剧，最著名的作品是《俄狄浦斯王》和《安提戈涅》。《俄狄浦斯王》取材于俄狄浦斯杀父娶母的传说故事。俄狄浦斯知道自己的命运后，竭力逃脱命运给自己的残酷安排，但始终未能摆脱命运的束缚，最终自残并自我放逐。《安提戈涅》讲述了俄狄浦斯的女儿安提戈涅不顾当权者的禁令，拼死埋葬自己的哥哥，最终被当权者处死的悲剧，抨击了专制政权的残暴。

索福克勒斯的悲剧三部曲不同于埃斯库罗斯悲剧三联剧的创作形式，他改用三部独立的悲剧，使得每部悲剧的结构更为完整，故事情节也更为曲折。索福克勒斯把演员的人数从两名增加到三名，而且他自己也充作一个角色，直到年老丧失嗓音才不再登台演出。

索福克勒斯的悲剧作品比埃斯库罗斯的创作更具有戏剧色彩，也更具有人情味。面对命运，索福克勒斯强调人心的公正与人的自由。

八、舞台上的哲学家——欧里庇得斯

欧里庇得斯（约公元前 485—前 406 年）出生于一个贵族家庭，他的父母为躲避波斯人的入侵而逃到了萨拉米斯岛，他就是在萨拉米斯海战的那一年出生在该岛。欧里庇得斯曾在雅典学习过哲学、艺术以及修辞学，与大哲学家苏格拉底交往密切。欧里庇得斯渴望做一名哲学家，最后却成为一位颇具哲学修养的悲剧诗人。他喜欢在悲剧中发表哲学议论，因此有“舞台上的哲学家”之称。他反对内战，因此被当时的雅典当局所不容，公元前406年，他客死马其顿并被厚葬在当地。雅典人曾派人要运回他的遗骨，但被马其顿国王所拒绝。他们为纪念这位死在他乡的诗人，在雅典城郊为他立了一块纪念碑，碑文饱含着雅典人对他的赞美：全希腊是欧里庇得斯的纪念碑，诗人的骸骨在客死之地马其顿永埋，诗人的故乡是雅典——希腊的雅典，这里万人称赞他，欣赏他的才华。

欧里庇得斯雕像

欧里庇得斯一生创作了90多部剧作，现存18部，是传世作品最多的古希腊悲剧家。《美狄亚》讲述了一个被丈夫抛弃后不惜一切手段进行报复的女性——美狄亚的故事，欧里庇得斯对美狄亚在杀害儿子时的情感活动的细腻而真实的描述，是古希腊戏剧心理描写最出色的范例之一。在戏剧结尾，美狄亚用车拉着儿子的尸体，伊阿宋看着她离去。歌队唱出一段具有哲理的结尾：宙斯高坐在奥林匹斯分配一切的命运，神明总是做出许多料想不到的事情。凡是我们所期望的往往不能实现。而我们所期望不到的，神明却有办法。这个故事也就是这样的结局。

欧里庇得斯的其余戏剧创作大多取材于特洛伊战争。《特洛伊妇女》通过特洛伊城陷落后女俘们的悲惨命运，来谴责侵略战争的罪恶，表达了作者反战的思想。

欧里庇得斯的悲剧创作与他的前辈相比有着很大的区别，他借用古希腊早期的神话传说来表现现实生活，他的笔下有乞丐、奴隶以及一群普通的人。另外，他剧中的人物对话中不乏至理名言以及在哲学或道德方面的讨论，所表达的与其说是主人公的思想，毋宁说是诗人自己的哲学主张。他对故事本身并不注意，常用观念代替情节，而合唱部分也成为他表达哲学观点的旁白。

欧里庇得斯在世时，他的悲剧不大受人欢迎，他去世以后，名声反而更大。亚里士多德在《诗学》中对欧里庇得斯有许多指责，但也称赞他“最能产生悲剧的效果”。欧里庇得斯对罗马和后世欧洲戏剧的影响，比他的两位前辈悲剧诗人要大得多。罗马诗人塞内加和奥维德都模仿过他的作品《美狄亚》，但丁在《神曲》中只提到欧里庇得斯，让·拉辛和歌德也模仿过欧里庇得斯的作品。

九、喜剧之父——阿里斯托芬

古希腊喜剧起源于祭祀酒神狄俄尼索斯的狂欢歌舞和民间滑稽戏，酒神的祭祀在歌舞宴饮的狂欢游行中结束，这种游行称为“komos”（狂欢游行）。古希腊语中的“komoidia”（喜剧）一词即是由“komos”与“oide”（歌）构成的，意为“狂欢游行时的歌”。这种滑稽戏诞生于公元前600年左右，后来流传到阿提卡，有了诗的形式，成为喜剧。喜剧的语言诙谐、揶揄、机智，有时甚至是粗俗的，舞蹈动作更是放纵，所以妇女和儿童不被允许观看喜剧。古希腊喜剧多为暴露政治的黑暗、展示社会矛盾的政治讽刺剧和社会问题剧，它以现实生活为素材，表达剧作家对重大政治社会问题的看法与主张。

雅典从公元前487年开始组织喜剧比赛，且设立奖项，可惜阿里斯托芬（Aristophanes，约公元前446—前385年）以前的喜剧，几乎都没有流传下来。所以，我们今天谈论雅典的喜剧，只能从阿里斯托芬开始。

阿里斯托芬生于阿提卡库达特奈昂的一个小土地所有者家庭。他从小爱好文学，19 岁开始登上雅典的文坛，他的剧作多为政治讽刺剧，作品多描写当时雅典的社会生活，反映雅典奴隶制度中存在的政治和社会问题。阿里斯托芬曾因在剧作中批判雅典当权派，被控告“侮辱了雅典公民与城邦”，但他毫不畏惧，下笔依然尖锐犀利。阿里斯托芬创作出许多著名的喜剧，相传他共写有 44 部喜剧作品，现存《阿卡奈人》《骑士》《和平》《鸟》《蛙》《财神》等 11 部。

阿里斯托芬雕像

阿里斯托芬的喜剧尖锐、深刻，俗称旧喜剧，属政治讽刺剧，触及了当时重大的社会政治问题，他的喜剧通常与爱情有关，剧中人物形象一个个活灵活现，鲜活饱满。

阿里斯托芬坚决主张停止非正义的伯罗奔尼撒战争，积极参加雅典主和派反对主战派的斗争。公元前 421 年春，伯罗奔尼撒战争已进行了 10 年，阿里斯托芬创作的《和平》一剧，辛辣地嘲笑了主战派，反映了雅典民众要求和平的强烈愿望。剧中的主角是一名叫特律该俄斯的农民，他历尽千辛万苦，拯救了被幽禁在天上的和平女神；当和平女神回到人间时，受到民众的热烈欢迎。就在《和平》上演之年，雅典与斯巴达签订了停战的《尼西亚和约》，但不久战争又起，阿里斯托芬继续呼吁和平，又创作了《吕西斯特拉忒》一剧。剧中女主角吕西斯特拉忒痛恨男子好战，联合妇女结成反战同盟，用与丈夫离婚的手段，终于赢得了和平。

阿里斯托芬所创作的喜剧形式自由，语言犀利，不仅在其当代，后来在罗马和亚历山大港也受到欢迎，对后世喜剧作家影响很大，同时对欧洲的政治幽默（尤其是英国文学）也有影响。歌德加工了阿里斯托芬的《鸟》，并在其前言中称阿里斯托芬为“优雅宠幸的顽童”；海因里希·海涅在他的《德国，一个冬天的童话》中称阿里斯托芬为一名“伟大的剧作家”；恩格斯称阿里斯托芬为“喜剧之父”和“有强烈倾向的诗人”。

十、早期哲学家

古希腊的哲学奠定了西方哲学的基础，在古希腊语中，“哲学”（philosophia）为“爱智”的意思，古希腊哲学探讨的中心问题是什么是万物的“本源”，即世界的本质问题。

古希腊哲学家被认为是很有智慧的人。哲学家认为发生的一切都有其真实的原因，他们希望从逻辑的角度解释一切。大多数古希腊哲学家都是科学家，他们会研究写作、物理、数学等学科。许多古希腊哲学家都是教师，他们会开设自己的学校，形成哲学流派。

米利都（Miletus）学派是古希腊最早的哲学派别，它诞生于公元前 7 世纪到公元前 6 世纪小亚细亚西岸爱奥尼亚的米利都城，它的主要代表人物是泰勒斯（Thales）。泰勒斯是米利都学派的开创者和奠基人，是古希腊乃至西方哲学史上第一位哲学家，泰勒斯的哲学思想主要包含在“水是万物的本源”这样一个命题中。其思想的基本观点是：水是世界万物的本源与实体，万物由水而来，是水的变形，但万物又复归于水。水包围着大地，大地在水上漂浮，不断从水中汲取所需要的养分。

公元前 6 世纪的最后二三十年，在希腊世界西部的南意大利产生了毕达哥拉斯学派，这个学派以其创始人毕达哥拉斯（Pythagoras）命名。在泰勒斯的影响下，毕达哥拉斯注重研讨世界本源。然而，他却背弃了米利都学派的唯物主义传统，把世界的物理原因归诸超自然的原因。毕达哥拉斯夸大数的作用，把数当作万物的本源，认为万物皆数，数是万物的原形，万物是数的摹本，世上万物按照数的比例存在和发展，数的原则统治着宇宙中的一切现象。

生活在公元前 5 世纪后期的哲学家赫拉克利特（Heraclitus）在哲学上独树一帜，他的哲学思想是对米利都学派自然哲学的继承和发展，并把希腊原始朴素哲学推向最高峰。赫拉克利特认为，世界是一团永恒的“火”，“火”是世界万物的本源，火是自然存在的，既不是神创造的，也不是人创造的；火永远处在有一定规律的运动变化状态之中。

赫拉克利特哲学思想的另一重要贡献，是他在说明世界运动变化的绝对性，而描述这个生动画面的深刻思想，集中体现在这样一个著名的命题中：“人不能两次踏入同一条河流。”赫拉克利特全面阐发了这一哲学命题，说明世上万物都处在对立统一、流动变化的过程之中。

希波战争后，雅典乃至整个希腊经济和科学文化快速发展，达到了历史上空前的繁荣境地。古希腊哲学就是在这种历史条件和文化背景下得到空前发展，产生了众多名垂青史的大哲学家。

古希腊著名学者普罗泰戈拉（Protagoras，约公元前 490 或 480—前 420 或 410 年）一生旅居各地，收徒传授修辞和论辩知识，是当时受人尊敬的“智者”。他提出一个著名的哲学命题——“人是万物的尺度”，认为事物的存在是相对于人的感觉而言的，人的感觉怎样，事物就是怎样。万物的存在与否、性质形态都是相对的，完全取决人的主观感觉，由此又断定“知识就是感觉”，主张只要借助感觉即可获得知识。普罗泰戈拉的论断实现了从自然哲学到以人为中心的人本哲学的转变。

普罗泰戈拉把人的需要及好恶视为法律和道德形成、发展的依据和衡量它们的标准，这虽有其片面性，但在当时的社会条件之下，是有其进步意义的。

德谟克利特（Demokritos，约公元前 460—前 370 年）是古希腊最伟大的唯物主义哲学家之一。他所创立的原子论唯物主义哲学体系，是古希腊自然哲学发展的最高成果。德谟克利特博采众长，在唯物主义原则基础上深入探讨物质内部结构，寻求万物的共同始基，从而提出了原子论的宇宙观。他认为，万物的本源是原子与虚空。宇宙的一切事物都是由在虚空中运动着的原子构成，原子是一种最小的、不可分割的物质微粒，它具有“充实性”，即很小、不可见，内部密集充实没有空隙。原子处在永恒的运动之中，即运动为原子本身所固有的属性。虚空是绝对的空无，是原子运动的场所。虚空是没有充实性的，世界是由原子在虚空的运动产生的。

十一、苏格拉底

苏格拉底雕像

在古希腊原子论哲学蓬勃发展的高潮中，雅典哲学界出现了苏格拉底（约公元前 469—前 399 年）这样划时代的哲学家。在西方哲学史上，苏格拉底首次在人类精神世界里奏响了一曲关于真善美的理想之歌。

在苏格拉底以前，古希腊的哲学主要研究宇宙的本源是什么等问题，后人称之为“自然哲学”。出于对国家和人民命运的关心，苏格拉底转而研究人类本身，即人类的伦理问题，如什么是正义，什么是非正义；什么是勇敢，什么是怯懦；什么是诚实，什么是虚伪；什么是智慧，知识是怎样得来的；什么是国家，具有什么品质的人才能治理好国家，治国人才应该如何培养；等等。后人称苏格拉底的哲学为“伦理哲学”。他为哲学研究开创了一个全新的领域，使哲学“从天上回到了人间”，在西方哲学史上具有重大意义。

与其他一些著名的古希腊哲学家不同，苏格拉底没有论著写下他的思想，他只是在与他的追随者交谈中谈及他的思想。幸运的是，苏格拉底的两个学生柏拉图和色诺芬在他们的作品中写到了苏格拉底，我们能够在柏拉图的许多对话中了解苏格拉底的哲学思想。

关于苏格拉底的早年生活，记载甚少。他的父亲是一位石匠，他的母亲是一名助产士。他的家庭并不富裕，所以他可能没有受过多少正规教育。在他职业生涯的早期，苏格拉底也子承父业——做了一阵子石匠。随着苏格拉底长大，他开始探索哲学问题。成为哲学家的苏格拉底终年一袭褴褛的长袍在身，打着赤脚，腆着大肚子漫步于雅典的大街小巷，并鼓动着厚厚的嘴唇与所有愿意和他交谈的人探讨哲学问题。

与他那个时代的许多哲学家不同，苏格拉底关注伦理和人们应该如何行事，而不是自然世界。苏格拉底认为，一切事情都用物质性的原因来解释是说不通的，事物真正的原因不在于自然、物质方面，而在于心灵、灵魂。他还认为正确的行为来自正确的思想，美德基于知识、源于知识，没有知识便不能为善，也不会有真正的幸福。他鼓励人们追求正义和善良，而不是财富和权力。

他说，知识指的是认识公共福利和普遍的道德规范，而不是指对个别、特殊和偶然事物的了解。如仁慈、明智、谨慎、正直、勇敢、克制等都是好的，但不是美德。美德是对所有这些品质的概括和抽象，因此不仅是个别人应当去追求的，也是大家应当追求并且共同遵守的道德规范。也就是说，知识涉及一般和典型，而不涉及特殊、个别和偶然。

苏格拉底认为一切知识均从疑难中产生，疑难越多，进步越大。苏格拉底承认自己本来没有知识，而他又要教授别人知识。这个矛盾，他是这样解决的：

这些知识并不是由他灌输给人的，而是人们原来已经具有的；人们已在心上怀了“胎”，不过自己还不知道，苏格拉底像一个“助产婆”，帮助别人产生知识。

他的教学方法被称为“助产术”，即从个别中抽象出普遍的东西，包括讥讽、助产、归纳和定义四个步骤。“讥讽”就是通过不断提问，使对方自相矛盾，承认对此问题一无所知；“助产”就是帮助对方抛弃谬见，使他找到正确、普遍的东西，即帮助真理“出世”；“归纳”就是从个别事物中找出共性，通过对个别善行的分析比较来寻找一般美德，这是一种阐明伦理概念的方法；“定义”就是把单一的概念归纳到“一般的东西”中去。

苏格拉底还发展了辩证法，使它成为一门帮助对方纠正错误观念并产生新思想的艺术。智者学派认为，人们的观点相互对立，不分好坏，没有一般真理。苏格拉底认为这种说法是错误的，思想有差异，这是事实，但是应该异中求同，找出为大家所能遵守的共同原则。

苏格拉底之死（油画）

雅典在伯罗奔尼撒战争中输给斯巴达后，一群被称为三十僭主的人借机掌权。三十僭主的主要成员之一是苏格拉底的学生，名叫克里蒂亚斯（Critias）。雅典人很快发起反抗，用民主制取代了三十僭主。

因为苏格拉底曾公开反对民主，而且他的一个学生是三十僭主的领袖，所以他被贴上了叛徒的烙印。他因“腐蚀青年”和“不承认城中的神灵”而受到审判，他被陪审团定罪，并被判处死刑。他的许多亲密朋友都想帮助他越狱，但苏格拉底不这么想，他说遵守法律很重要，他想为自己的信仰而死。最终，苏格拉底饮下毒酒而亡，终年 70 岁。

十二、柏拉图

尽管历史学家对柏拉图（约公元前 427—前 347 年）的早年生活知之甚少，但他们知道他来自雅典一个富裕的家庭，可能有两个兄弟和一个姐妹，有最好的老师教他各种科目，包括音乐、体操、数学、语法和哲学。

在伯罗奔尼撒战争期间，柏拉图很可能在雅典军队服役，这场战争无疑影响了他的生活和他的哲学思想。

随着柏拉图年龄的增长，他对学术和哲学越来越感兴趣。他成为苏格拉底的学生和亲密追随者。苏格拉底会与他的学生就政治和生活的各个方面进行对话，然后他们分解问题并提出有关该主题的理论，苏格拉底的教义和学习方式成为柏拉图著作的基础。

柏拉图雕像

如果把苏格拉底比作孔子的话，柏拉图很像是孔子的门徒子贡，而又兼有曾子和孟子的地位。他不仅把苏格拉底的学说继承了下来，而且还增加了不少他自己的思想。

公元前 399 年，苏格拉底被处以极刑后，柏拉图离开雅典，在接下来的 12 年里周游地中海地区。在此期间，他访问了意大利、埃及和北非等地。他学习了各种学科，包括天文、数学和哲学。和苏格拉底的大部分门徒一样，他鄙视民主政治，并拒绝介入雅典的政治事务。

当柏拉图环游地中海时，他开始写作。他以一种名为“对话”的有趣风格写作。在对话中，柏拉图会引入几个角色，他们会通过互相提问来讨论一个话题。这种形式使柏拉图能够探索论证多个方面并引入新思想。

柏拉图的许多对话都以他的老师苏格拉底为主角，大多数关于苏格拉底哲学思想的介绍都来自柏拉图的对话。他写了四篇关于苏格拉底最后日子的对话，其中包括苏格拉底在被判处死刑前为自己辩护。

柏拉图的对话中最著名的一篇是《理想国》。在《理想国》中，几个角色讨论了正义的含义以及它与幸福的关系。苏格拉底再次成为对话中的主角，参与讨论了正义或不正义如何影响人的生活。他们讨论了政府的各个方面，最终推导出“哲学王”是理想的统治者。在这个理想国中，哲学王独掌大权。士兵也算是统治阶层的人物，他们同哲学王一起，实行财产公管，妻子公有，子女公育。工人只管做工，农民只管种地。农民、工人和士兵对政府的决定只有服从的义务，没有否决的权利。柏拉图之所以给哲学王这样大的权力，据说是因为他有许多超人的条件：他神圣，权力受命于天；他具有“智慧”的品德，应当支配一切；他学识渊博，才智过人；他品行高尚，没有私产，清心寡欲，无所贪求。既然哲学家有如此超人的条件，那么治理国家，自然就是非君莫属了。

柏拉图建立了一个以理念论为基础的庞大客观唯心主义体系，攀上了希腊古典哲学的高峰。柏拉图认为，“理念”是世界万物的根本原因或本源，他认为世界由“理念世界”和“现象世界”所组成。理念的世界是真实的存在，永恒不变，而人类感官所接触到的这个现实的世界，只不过是理念世界微弱的影子，它由现象所组成，而每种现象因时空等因素而表现出暂时变动等特征。

柏拉图 40 岁左右时，回到雅典，创办了一所名为“学园”的学校。学校地址位于雅典城郊纪念希腊英雄阿卡德摩斯的花园里，名为阿加德米。柏拉图和其他学者在学院教授数学、几何学、天文学和哲学等科目。在学园里，师生之间的教学完全通过对话的形式进行。柏拉图的学生中有著名的哲学家和科学家亚里士多德，他在学院学习了近 20 年。

庞贝古城发现的柏拉图学园马赛克图像

柏拉图的学园作为柏拉图的哲学思想的实践基地，影响了古希腊乃至以后欧洲的哲学发展和自然科学的发展。学园以追求真理为学术目标，进行着人文科学与自然科学的教育与研究，成为古代希腊的数学和自然科学的研究中心，促进了数学、几何学、天文学、音乐理论四门学科的发展。

柏拉图于公元前 347 年左右在雅典去世。关于他的死因知之甚少，但他当时已经 80 岁了，很可能是在睡梦中死去的。柏拉图的学术遗产存于现代西方哲学中，他的著作已经被研究了两千多年，至今仍在大学中供人学习和研究。

十三、亚里士多德

亚里士多德（约公元前 384—前 322 年）出生在希腊北部的斯塔吉拉（Stagira），“亚里士多德”这个名字的意思是“最好的目的”。他的父亲是马其顿国王阿明塔斯（Amyntas）的医生。正是在国王的宫廷里，他遇到了国王的儿子腓力，也就是后来的国王腓力二世。

亚里士多德雕像

作为一名医生的儿子，亚里士多德从小对自然和解剖学产生了兴趣。在导师的带领下，他学会了阅读和写作，还了解了古希腊诸神、数学和哲学。

当亚里士多德 17 岁时，他前往雅典进入柏拉图学园，并从柏拉图那里学到了哲学和逻辑思维。他在学院待了近 20 年，起初是学生，后来是教师。

柏拉图学园不是我们今天意义上的大学，那里没有老师教的特定科目的课程，他们所做的就是用提问和辩论的形式互相挑战。在对话中，其中一个人会提出问题，而另一个人会尝试回答它。然后，他们将继续以辩论的形式讨论该问题，并在辩论中提出新问题。

在雅典的柏拉图学园中，亚里士多德表现得很出色，柏拉图称他是“学园之灵”。但亚里士多德可不是个只崇拜权威、在学术上唯唯诺诺而没有自己想法的人。他同大谈玄理的老师不同，他努力收集各种图书资料，勤奋钻研，甚至为自己建立了一个图书室。

公元前 347 年离开学园后，亚里士多德游历了希腊和土耳其。他与其学友赫米阿斯的侄女结婚，写了几部作品，包括《动物志》《动物的繁殖》和《动物的构造》。

亚里士多德花了很多时间学习生物学。他是第一个尝试将不同类型的动物分为不同科目的人。他绘制了动物不同部位的图画，并试图确定不同器官

《雅典学院》（壁画）

的功能。

公元前343年，亚里士多德被马其顿的国王腓力二世召回故乡，担任起当时年仅13岁的王子亚历山大的老师。根据普鲁塔克的记载，亚里士多德对这位未来的领袖进行了哲学、逻辑以及数学的教育。正是在亚里士多德的影响下，亚历山大始终对科学事业非常关心，对知识十分尊重。

腓力二世重建了亚里士多德的家乡斯塔吉拉，并将居民从奴隶制中解放出来，作为对他辅导亚历山大的奖励。

在辅导亚历山大之后，亚里士多德回到雅典并开设了自己的学校，它被称为吕克昂（Lykeion）学园，或称逍遥派学校（Peripatetic School）。亚里士多德为吕克昂制定了章程，规定要过一种有规律的生活，饭菜简单，每月举行一次酒会。他教授学生的科目包括逻辑、物理、公开演讲、政治和哲学。

亚里士多德为其学园设立了“百科全书”式的课程。他主张学生在德、智、体、美等方面全面发展，且在不同时期各有所侧重。幼儿期以体育为主；少年期以音乐教育为核心；高年级要学习文法、修辞、诗歌、文学、哲学、伦理学、政治学以及算术、几何、天文、音乐等学科。他特别强调音乐在培养儿童一般修养上的作用，认为音乐具有娱乐、陶冶性情、涵养理性三种功能，它能使人解疲乏、炼心智，塑造性格、激荡心灵，进而通过沉思进入理性的、高尚的道德境界。在体育教学中，他不同意一般教师只让学生进行严酷甚至痛苦的训练，而是要教“简便的体操”和“轻巧的武艺”，着重于让儿童身体自然发展。

亚里士多德对众多知识领域进行了认真而独立的研究，建立起一个古希腊思想文化史上最庞大的知识理论体系，以下是亚里士多德最著名的一些思想：

三段论——三段论是一种推理。假设你有三类事物：A、B和C。如果所有的 A 都是 B，所有的 B 都是 C，那么所有的 A 都是 C。

五元素——在亚里士多德时代，人们相信一切都是由四种元素组成的：土、水、空气和火。亚里士多德提出有第五种元素，称为以太（aether）。他认为以太是恒星和行星等天体的组成部分。

四因——亚里士多德认为发生的一切都可以用四种因之一来解释：物质因、形式因、动力因和目的因。

天文学——亚里士多德正确地判断了地球是圆的。然而，他也认为地球是静止的，是宇宙的中心。

在政治方面，亚里士多德肯定民主制，但不赞成雅典式的民主制，特别是雅典后期的民主制。他认为，这种制度只讲轮番执政，不讲才能大小；群众权势过大，甚至把法律撇在一边，任何国家大事，只凭当场投票表决；有些所谓平民领袖，不知坚持真理，只知迎合群众，民主成了多数人暴政。因此，他认为最好的政体应该是任何司职都不规定财产条件，但要规定才能条件。有才能的人掌握政权，但任期要短，经常轮换。至于一般公民，也应给他们一定的权力。这种权力主要有两种，一是选举权，官吏要由他们选举产生；二是审议权，官吏要由他们去监督、去评议，以决定官吏的去留和奖惩。这样，官吏权力虽大，但仍在人民监督之下，受人民约束，“人们互相依仗而又互相限制”。

亚里士多德虽为柏拉图的门徒，却反对柏拉图的理念理论。他曾说过：“吾爱吾师，吾更爱真理。”对于他来说，理念并不存在于感性世界之外，而是应该从经验所提供的材料中抽出普遍的成分，理念是这一知识的客体。

如果说柏拉图是个作家，那么，亚里士多德则是个知识渊博的学者。他不仅专心于哲学，而且旁及其他所有的知识。他的著作是古代的百科全书，在他的著作里，第一次出现了“科学”这一词汇。

十四、历史之父——希罗多德

希罗多德（约公元前484—前425年）是伟大的古希腊历史学家，史学名著《历史》一书的作者，西方史学的奠基人。从古罗马时期开始，希罗多德就被人们尊称为“历史之父”。

在小亚细亚的西南海滨，有一座古老的哈利卡纳索斯城，大约在公元前484年，希罗多德就出生在这个地方。其家庭是当地的名门望族，家庭的社会地位及优裕的生活条件使他从小就受到了良好系统的教育。从少年时代起，他就勤奋好学，酷爱史诗。

希罗多德曾参与过故乡的政治生活，因反对僭主政治而不得不离开故乡，此后漫游各地。从他的记述中可知，他的足迹北到黑海北岸，南到埃及

希罗多德雕像

最南端，东到巴比伦，西到意大利的南部。

他每到一个地方，总是广为了解当地风土人情，细心考察文物古迹，多方采集各种民间传说，努力搜求各类历史故事。长期的游历不仅大大开阔了他的眼界，而且对他后来著述《历史》有着直接的帮助。

公元前443年，希罗多德随同一些雅典人前往意大利南部殖民，在塔林敦海湾附近建立了一座新城——图里奥伊，他成了这个城邦的公民。他的晚年在图里奥伊度过，在那里，他潜心著述《历史》，直到逝世。

希罗多德的《历史》一书以希波战争为中心，所以也名《希腊波斯战争史》。全书共分9卷，在每卷上，还根据当时的惯例，分别冠以缪斯女神的名字，所以他的书有时又被称作《缪斯书》。我们大体可以把这部书分成两大部分：从开篇至第5卷第28节为第一部分，作者叙述了吕底亚、米底、巴比伦、埃及、波斯等地区的情况，凡当时他所知道的“异邦人”之世界，记述殆遍，并述及希波战争爆发的原因；从第5卷第29节至第9卷为第二部分，作者集中记述了希波战争的经过。

《历史》内容丰富，非常生动地记叙了西亚、北非以及古希腊等地区的地理环境、民族分布、经济生活、政治制度、历史往事、风土人情、宗教信仰、名胜古迹等，为我们展示了古代世界近20个国家和地区的民族的生动图景，俨如一部小型的“百科全书”。作者在写作此书时，除了从史诗、档案文献、石刻碑铭、宗教记录以及前辈作家的多种著作中获得不少文献资料外，更多的是利用了亲身采访和实地调查中获得的大量资料。

在西方，希罗多德不仅以一位伟大的历史学家的身份扬名后世，同时也是一位卓越的文学家。他的《历史》常常被认为是西方第一部著名的散文作品。《历史》颇具文学价值，因为作者采用了一种在东方文学中常见的结构形式，即在大故事中套小故事，彼此生衍，变化无穷，所以具有迷人的魅力。作者善于刻画人物，书中出现的国王、大臣、政治家、祭司、学者、士兵、行商、译员等人物，形形色色，众态纷呈，且大多性格鲜明，形象栩栩如生。全书的语言生动，词汇丰富，文章流畅可诵而有韵致，显示了他作为一位语言艺术大师的高超才能，为后代的历史文学做出了范例。

十五、修昔底德

修昔底德（约公元前460—前400年）出生于雅典一个富裕且显贵的家庭，父亲与色雷斯的王室有亲戚关系。有史料记载，他的墓在客蒙家族的墓地范围之内。公元前424年，他当选为雅典的十将军之一，这年冬天，斯巴达远征军在色雷斯同盟军的协助下，向雅典人在色雷斯的重要战略据点阿姆菲波利斯发起进攻，他因率军救援不力，被雅典公民大会判决流放。

修昔底德雕像

在流放的20年间，修昔底德主要住在色雷斯。遭到流放后，他利用充裕的闲暇时间，在古希腊诸城邦广泛旅行，搜集多方面的资料。公元前403年，他得到赦免，返回雅典。

修昔底德所著的《伯罗奔尼撒战争史》共分8章。全书的结构是这样的：第一章序言，追溯了雅典和斯巴达两大敌对集团形成的历史。第二、三、四章及第五章前半部叙述战争第一阶段共10年间的事件。第五章的后半部写公元前421年签订《尼西亚和约》后6年多时间内的事件。第六、七章写雅典对西西里岛的远征。第八章写所谓德凯利亚战争，中止于公元前411年的事件。由于过早去世，他没能写完伯罗奔尼撒战争全过程的历史，也没能对已经写成的部分进行彻底的修改和定稿。

通过研究前人的著述，修昔底德认识到他们治史方法的缺陷，并力求匡正。他写道：“关于战争事件的叙述，我确定了一个原则——不要偶然听到一个故事就写下来，甚至也不单凭我自己的一般印象作为根据；我所描述的事件，或是我亲自看见的，或是我从亲自看见这些事情的人那里听到后，经过我仔细考核过了的。就是这样，真理还是不容易发现的，不同的目击者对于同一事件，有不同的说法，因为他们或者偏袒这一边，或者偏袒那一边，或者由于记忆的不完全。”对于同时代的事件，他尚且采取如此慎重的态度，对于过去的材料则更是如此。

与希罗多德不同，他对神话、传说采取分析批判的态度。他认为神话和传说不是可靠的历史，在采用它们的时候应该结合其他材料加以审核。他认为，“可否完全相信荷马史诗中的人物，这是颇有问题的”。对于《荷马史诗》中所描述的特洛伊战争的规模，他也提出否定的意见，指出当时经济发展水平低下，因资金缺乏和给养不足，不可能有那么庞大的军队。

在考察古代希腊的历史时，他运用了多方面的材料。他参考了《荷马史诗》和众多的传说，考虑了经济发展的情况，对不同部落、部族之间的风俗习惯进行了比较，并研究了现有的遗物。最后他得出结论，早期古希腊人的一些风俗和他自己所生活的时代里的某些蛮族人的风俗是类似的。由于古代海盗的猖獗，城市一般建筑在离海岸有一定距离的地方。

在《伯罗奔尼撒战争史》中，修昔底德很注意引用当时的正式文件，例如城邦之间签订的条约文本。其中之一是记载公元前419年以雅典为一方，阿尔戈斯、曼提尼亚、厄利斯为另一方缔结的百年同盟条约。正是由于修昔底德对待史料的严肃态度，他的著作的可靠性博得广泛的承认。

修昔底德力图揭示历史事件发展中的真正因果关系，这突出表现在他对伯罗奔尼撒战争的起因及其进程中的重大事件的深刻分析上。他详细考察了雅典和斯巴达的早期历史，以这两个城邦为首的提洛同盟和伯罗奔尼撒同盟之间的各种矛盾和冲突，进而指出："使战争不可避免的真正原因是雅典势力的增长和因而引起的斯巴达的恐惧。"他认为，雅典在战争中失败的原因在于国内各派别间的斗争削弱了自己的力量，奴隶逃亡和同盟者的叛离给了雅典致命的打击。他一再指明，长期战争必须有强大的经济支持，海军是海上强国势力的来源。

像许多古代的历史学家一样，修昔底德也是一位文学家。他的著作是经过深思熟虑的，结构严谨，文字简洁，叙事生动。虽然他在叙述过程中严格根据史实材料，并不多加渲染，但巧妙的剪裁仍然产生巨大的艺术效果。

书中叙事的部分与当事人的演说交织在一起，这是修昔底德著作的特色之一。他用约占全书四分之一篇幅的演说词，借历史人物之口，来阐述自己对历史事件的认识和对人对事的评价。这些演说词涉及与伯罗奔尼撒战争有关的各种政治问题，含有深刻的哲理。

近代欧洲史学家把他奉为客观主义史学的鼻祖，在希罗多德的基础上，他使史学更加严谨、成熟，对希罗多德所创立的方法多有改进。

十六、色诺芬

修昔底德的继承者中著作完整流传至今的是色诺芬（约公元前 440—前 355 年）。色诺芬出生于雅典的贵族家庭，他受过多方面的良好教育，熟悉军事和骑术，曾经是苏格拉底的学生。色诺芬在政治上倾向于贵族派，反对雅典民主制，赞赏斯巴达的贵族政体。

公元前 401 年，波斯发生内讧，国王阿尔塔薛西斯二世的弟弟小居鲁士在小亚细亚起兵，企图夺取王位。斯巴达人支持小居鲁士，为他提供了大批希腊雇佣军。色诺芬经友人介绍，参加了这支军队。他在自己写的《远征记》一书中详细叙述了这次征战的经过。小居鲁士率领包括1.3万名希腊雇佣军在内的军队，横穿小亚细亚，到达巴比伦城附近的库纳克萨。小居鲁士本人在这里阵亡，失去雇主的希腊雇佣军在他们选举的首领的领导下向希腊撤退。退却过程中，由于先前的几位首领被波斯人诱杀，色诺芬便当选为这支军队的主要首领之一。他充分发挥了自己的领导才能，克服了缺乏给养和敌军袭击的重重困难，终于在公元前400年底把几千名雇佣兵带回希腊。

色诺芬雕像

返回希腊后，色诺芬投靠斯巴达。斯巴达战败后，色诺芬失去在当地的家产后便迁往科林斯居住。

使色诺芬负有盛名的著作，首推《远征记》。学者们推测，这部著作是色诺芬根据自己在行军过程中做的记录整理而成。《远征记》共分7章，内容丰富，文字生动，由于写的是亲身经历，广泛涉及希腊雇佣兵生活的各个方面，记录了沿途的地理景物和见闻，是学习古希腊文的必读书目。

《希腊历史》也分为7章，叙述公元前411年至公元前362年的事件。色诺芬希望这本书成为《伯罗奔尼撒战争史》的续篇。实际上，就文体与见解而论，它都与修昔底德的著作不同。书中的叙述，明显具有亲斯巴达的倾向。

色诺芬有一组涉及苏格拉底的著作，其中包括《回忆苏格拉底》《苏格拉底的申辩》《会饮篇》和《家政论》。在这些作品中，既有色诺芬对苏格拉底生平事迹的记述，也有很多是他借题发挥，对自己的哲学和政治观点的阐述。

《居鲁士的教育》是一部抒发政见的历史小说。色诺芬用描写波斯帝国的开国君主居鲁士所受的良好教育，来说明政治家的训练和家庭教育的重要性。在这部历史小说中，他使居鲁士成为自己理想的国王的体现者，把自己赞赏的斯巴达的教育方法搬到了波斯。书中提供了关于军事方面的许多实用知识，例如，武器的种类，兵力的布置，进攻和退却的策略等。书中也不乏对一系列人物的生动刻画。

《斯巴达的政治制度》一书中，色诺芬对斯巴达的政治制度极力加以美化，对斯巴达的教育制度推崇备至。他认为斯巴达的立法制度是最好的，而其基础是能够在公民身上培养一系列他认为值得赞美的品质——克制、勇敢、善于服从和指挥等。

第七章 古希腊科学成就

在古希腊的希腊化时代，科学成为主要的研究课题。希腊化时代是希腊文化传播到整个伊朗和北非地区（包括埃及）的时期。当希腊文化传播到埃及时，两种文化的某些部分混合在一起，正因为如此，在科学领域取得了许多文化进步。

一、几何之父与数学圣经

古希腊人对数字以及它们如何应用于现实世界十分感兴趣。与大多数早期文明不同，他们为了数学本身而研究数学，并发展了复杂的数学理论和证明。

古希腊最早的数学家之一是泰勒斯，泰勒斯研究几何并发现了关于圆、线、角和三角形的理论（如泰勒定理）。另一个名为毕达哥拉斯的古希腊人也研究几何，他发现了毕达哥拉斯定理，该定理至今仍用于平面几何当中。

如果要从人类科学发展史中选一部开山鼻祖的巅峰巨作，就非欧几里得（Euclid）所著的《几何原本》莫属。它是第一本向人们展示数学推理、归纳演绎的著作，该书自成书两千多年以来，一直广为流传，经久不衰。它不仅

几何之父——欧几里得

奠定了几何学的基础，也是西方数学和哲学的集大成之作。

欧几里得的身世我们知之甚少，他主要活动于公元前 300 年前后。虽然欧几里得出生于雅典，但是他的主要科学创作活动都是在埃及的亚历山大城进行的。小时候的欧几里得就对图表表现出了浓厚的兴趣，喜欢用木棍在地上画来画去，画出各种图形。稍大一点进入学校以后，他在老师的指导下，更凸显出在数学方面的天赋。

公元前 387 年左右，柏拉图在雅典创办了学园，即“雅典学园”。学园的大门上写着一行大字 :“不懂几何的人，勿入此门！”这是当年柏拉图亲自立下的规矩，为的是让学生们知道他对数学的重视，然而却把前来求教的年轻人给闹糊涂了。有人在想，正是因为我不懂数学，才要来这儿求教的呀，如果懂了，还来这儿做什么？正在人们面面相觑，不知是进是退的时候，欧几里得从人群中走了出来，只见他整了整衣冠，看了看那块牌子，然后果断地推开学园大门，头也不回地走了进去。

最早的几何学发源于公元前 7 世纪的古埃及，在欧几里得以前，人们已经积累了许多几何学的知识，然而这些知识存在一个很大的缺点和不足，就是缺乏系统性。大多数是片段、零碎的知识，公理与公理之间、证明与证明之间并没有很强的联系性，更不要说对公式和定理进行严格的逻辑论证和说明了。

随着社会经济的繁荣和发展，特别是随着农林畜牧业的发展、土地开发和利用的增多，把这些几何学知识加以条理化和系统化，成为一整套可以自圆其说、前后贯通的知识体系，已经刻不容缓，成为科学进步的大趋势。

在欧几里得 30 岁时，他受埃及国王托勒密的邀请来到亚历山大，并在那里定居下来。他一边收集以往的数学专著和手稿，向有关学者请教，一边试着著书立说，阐明自己对几何学的理解。欧几里得经过忘我的工作，终于在公元前 300 年结出丰硕的果实，这就是几经易稿而最终定型的《几何原本》。

《几何原本》共有浩瀚的 13 卷，其书名虽然定位于几何，但书中内容翔实严谨，不仅包括初等几何、立体几何，还包括数论、比例、穷竭法等内容，而穷竭法则是微积分思想的重要起源。

全书第一、二、三、四、六卷关于平面几何，第五卷关于一般的比例图形，第七、八、九卷关于算术方面，第十卷关于直线上的点，最后三卷则关于立体几何。这部书的材料虽然大部分是前人留下来的，证题方法也多沿用古希腊人的方法，但欧几里得最主要的贡献是建立了严格的几何体系。他把以前不严格的证明重加论证，再经过一番非常精细的整理和排列，他整理出

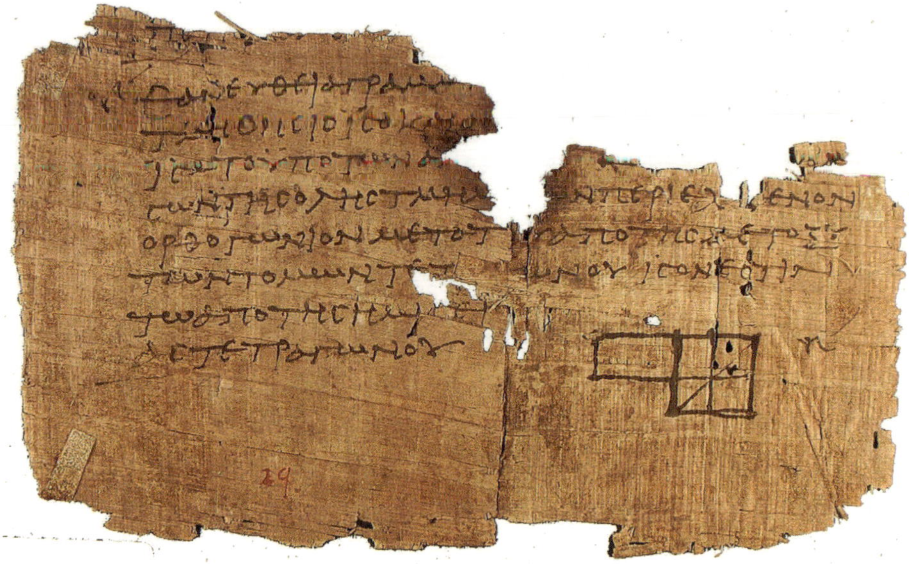

现存最早的《几何原本》残页之一，其年代约为公元 100 年

的这一套几何体系在几何学中占据的统治地位达两千多年，那时欧几里得的名字可以说是几何学的同义词。直到 19 世纪，才有其他派别的几何学出现，于是，人们采用欧氏几何和非欧几何这样的名词来加以区分。

《几何原本》在全世界被翻译成多种文字，是流传最广的西方数学著作。《几何原本》的内容深入透彻，即使在两千多年后的今天，它仍是几何学研究的基本框架，数学家们仍然要通过借助这本书中平面几何的点、线、面和立体模型来开展数学研究。欧几里得在《几何原本》中还总结了大部分的几何基本定律，如关于三角形、矩形、圆形、水平线的运算等，这些都是现代中学生仍在学习的几何知识基本内容。

二、科学巨人——阿基米德

除了牛顿和爱因斯坦之外，再没有一个人像阿基米德（Archimedes）那样为人类的科学进步做出过如此大的贡献，即使牛顿和爱因斯坦也都曾从他身上汲取过智慧和灵感，他是“理论天才与实验天才合于一人的理想化身”。

公元前287年，阿基米德出生于西西里岛叙拉古附近的一个小村庄，他出生于富有的贵族家庭，与叙拉古的赫农王（King Hieron）有亲戚关系。叙拉古城位于西西里岛东南部（今意大利锡拉库萨），地理位置优越，商贾云集。

阿基米德的父亲是天文学家兼数学家，学识渊博，为人谦逊。“阿基米德”在古希腊语中的意思是“大思想家”，阿基米德受家庭的影响，从小就对数学、天文学特别是古希腊的几何学产生了浓厚的兴趣。

当阿基米德刚满11岁时，借助与王室的关系，他被送到埃及的亚历山大城去学习。亚历山大位于尼罗河口，是当时文化贸易的中心之一，这里有宏伟的博物馆、图书馆，被世人誉为“智慧之都”。阿基米德师从欧几里得弟子卡农。在老师的指点下，阿基米德如饥似渴地学习，阅读了大量的数学、物理、天文学等自然科学书籍，为日后的科学研究打下了扎实的理论功底。阿基米德在这里学习和生活了许多年，曾跟很多学者密切交往，他兼收并蓄了东方和古希腊的优秀文化遗产，在其后的科学生涯中做出了重大的贡献。

在漫长的科研实践中，阿基米德摸索出一种全新的科研方法。他将数学、力学、机械学等学科综合起来一并研究，并同实际应用相结合。他发展了穷竭法，得出抛物线、球体、柱体等表面积和体积的计算方法，求出了三次方程的几何解法，算出圆周率近似值。他的《论抛物线问题》《球体和柱体》等著作被认为是古希腊数学的巅峰。阿基米德也是公认的“力学之父”，他制造和发明了许多有实用价值的机械和武器。他涉足天文学领域制造的行星仪、十字测角器也达到了很高的水平。

阿基米德注重观察，勤于思考，往往能抓住稍纵即逝的灵感。一次，邻居家的小孩把一个球塞入圆柱形物体内玩耍时，发现球无法取出，于是向阿基米德求援。阿基米德取过圆柱形物体观看，巧的是里面圆球的直径正好与

《沉思的阿基米德》（油画）

圆柱的直径和高相等。阿基米德当即意识到手上的玩具正是圆柱及其内切球的模型，自己曾苦思冥想二者体积之比未果，没想到这个一直困扰他的难题一下子有了线索。他随即向圆柱中注水，反复测量水量。他发现，无球时圆柱储水量与有球时储水量之比为 3∶2，也即二者体积之比，这个偶然的发现令阿基米德终身难忘。他叮嘱家人，他死后，在他的墓碑上镌刻圆柱及其内切球的图案作为墓志铭。

有意思的是，阿基米德利用圆的外切和内接多边形的边长来逼近圆的周长。具体来说，他做出圆的外切多边形和内接多边形，随着多边形的边数增加，将会越来越接近圆。阿基米德的多边形一直做到了 96 边，阿基米德算得圆周率的值应该是一个介于 223/72 和 22/7 之间的值，也就是大于 3.140845，小于 3.142857，这在当时那种连精确的尺子都很少见的年代是非常了不起的成就。

据说有一次，叙拉古国王希伦二世决定打造一顶纯金的王冠。他找了一个金匠，把黄金交给了他。金匠如期打好王冠，交给了国王。王冠十分精致美丽，国王十分高兴，但这时有人来告密说金匠在打造金冠时偷了一部分金子，而将等重的银子掺进了王冠的内里。国王十分恼怒，但金匠矢口否认，国王又不能将已打造好的金冠拆开。怎么办呢？他想到了阿基米德，寻问他能否找个两全其美的法子，既能判定里面有没有掺银子，又不拆开做好的金冠。阿基米德一时被难住了，说要先回去想想。从此这个难题充满了他的整个脑子，日思夜想，但始终不得其解。

一天，他去公共澡堂洗澡。在澡堂里，阿基米德虽然洗着澡，可心里仍在想着金冠的事。这时他正躺在浴池里，水因为他身体的沉浮不断高低起伏，排出池外。突然，阿基米德仿佛脑袋受到猛的一击，不由醍醐灌顶、恍然大悟。只见他赤条条地像青蛙一样蹦出池子，又像兔子一样蹿出了浴室，口里大嚷道："Eureka！ Eureka！"古希腊语的意思是：我发现了！我发现了！

原来，阿基米德由水池溢水找到了解决王冠问题的办法：相同质量的相同物质泡在水里，溢出的水的体积应该相同。也就是说，把王冠放到水里，溢出的水的体积应该与相同质量的金块的体积相同，否则王冠里肯定掺假。阿基米德跑到王宫，立即找来一盆水，又找来同样重量的一块黄金，一块白银，分别放进盆里，白银溢出的水比黄金溢出的几乎要多一倍。然后他又把王冠和金块分别泡进水盆里，王冠溢出的水比金块多，显然王冠的质量不等于金块的质量，王冠里肯定掺了假。在事实面前，金匠只得承认王冠里确实掺了白银。

阿基米德通过进一步实验论证，揭示了流体静力学基本原理：物体在液体中受到的浮力，等于物体所排开液体受到的重力。这在阿基米德的名著《论浮体》中有记载。

阿基米德对机械的研究源自他在亚历山大城求学时期。有一天，阿基米德在久旱的尼罗河边散步，看到农民提水浇地相当费力，经过思考之后，他发明了一种利用螺旋作用在水管里旋转从而把水吸上来的工具，后世的人称它为"阿基米德螺旋提水器"。埃及一直到2000年后的今天还有人使用这种器械，这个工具成了后来螺旋推进器的先祖。当时的欧洲在工程和日常生活中经常使用一些简单机械，譬如螺丝、滑车、杠杆、齿轮等，阿基米德花了许多时间去研究，发现了"杠杆原理"和"力矩"的观念。对于经常使用工具制作机械的阿基米德而言，将理论运用到实际的生活中是轻而易举的，他自己曾说："给我一个支点，我能撬动整个地球。"由此不难看出，阿基米德极可能是当时全世界对机械的原理与运用了解最透彻的人。

阿基米德在天文学方面也有出色的成就，他曾运用水力制作一座天象仪，为了找到地动说的论据，他模拟太阳、月亮、行星和地球的运行位置及规律，制作了一个天球仪。天球仪用水力推动许多齿轮和杠杆巧妙地连接在转动轴上，模仿着太阳、月亮、行星和地球的运行规律，这架天球仪还能表现出日食和月食。为此，阿基米德所著《天球仪的制作》一书中详细记录了天球仪的结构和制作过程。根据记载，这个天球仪不但运行精确，连何时会发生月食、日食都能加以预测。晚年的阿基米德开始怀疑地球中心学说，并猜想地球有可能绕太阳转动，这一观点比哥白尼的“日心地动说”要早 1800 年。限于当时的条件，他并没有就这个问题做深入系统的研究，但早在公元前 3 世纪就提出这样的见解，是很了不起的。

公元前 215 年，古罗马军队入侵叙拉古，阿基米德帮助叙拉古军队多次击退了罗马军队的进攻，但因寡不敌众，到公元前 212 年，叙拉古城破，阿

《阿基米德之死》(油画)

基米德被罗马士兵杀死。据说，当叙拉古城陷落时，罗马统帅马塞拉斯曾下令不准杀害阿基米德。但罗马军士复仇的怒火已无法压抑，许多军官发誓要把城里的所有居民斩尽杀绝。当罗马士兵闯进阿基米德家时，他正在后院忙着研究一些几何图形，一个罗马士兵持刀向他奔来，阿基米德愤怒地说："别动我的图！"这个士兵挥动大刀刺穿了这位75岁的科学家的身躯。临死前，阿基米德躺在地上用微弱的声音说："他们夺走了我的身躯，可是我将带走我的心。"马塞拉斯听闻阿基米德的死讯后，勃然大怒，下令将杀死阿基米德的士兵当作杀人犯予以处决，他为阿基米德举行了隆重的葬礼，并为阿基米德修建了一座陵墓，在墓碑上根据阿基米德生前的遗愿，刻上了"圆柱内切球"这一几何图形。

后人给予阿基米德很高的评价，常把他和牛顿、高斯并称为有史以来贡献最大的数学家，阿基米德成为数学家与力学家的伟大学者，并且享有"力学之父"的美称。

三、发现超前理论的数学家——阿波罗尼奥斯

古希腊数学的黄金时代曾诞生了著名的"古希腊数学三杰"，其中的欧几里得和阿基米德都是我们比较熟悉的数学家，而大多数人对其中最后一名数学家阿波罗尼奥斯（Apollonius）比较陌生。但出人意料的是，尽管阿基米德是公认的古希腊最杰出的数学家，但真正能代表古希腊几何学最高成就的著作恰恰来自这位我们不太熟悉的数学家。阿波罗尼奥斯的杰出成就在于他系统地建立和发展了古典的圆锥曲线论，而后完成了集大成之作《圆锥曲线论》。这听起来似乎像是天方夜谭，圆锥曲线居然是两千多年前就已经出现的。

阿波罗尼奥斯出生于小亚细亚地区的佩加（Perga，今属土耳其），阿波

阿波罗尼奥斯雕像

罗尼奥斯大约生活在公元前3世纪中后期。他的青年时期是在当时的“智慧之都”亚历山大城度过的。阿波罗尼奥斯在这里跟随欧几里得的后继者们学习数学，在托勒密四世时期（约公元前221—前205年），阿波罗尼奥斯已经颇具名气。

后来他又前往帕加马（Pergamum）王国，受到国王阿塔罗斯一世的赏识，后来阿波罗尼奥斯所完成的巨著《圆锥曲线论》中的后5卷名义上都是献给这位国王的。除此之外，阿波罗尼奥斯的其他生平事迹都没有文献记载过，因此他的事迹并不广为人知，这也是他在后世名气不如欧几里得和阿基米德的原因之一。

事实上，在阿波罗尼奥斯之前，阿基米德等数学家考虑过圆锥曲线，但由于没有找到合适而统一的数学描述方法，他们都没有将研究推进下去。而阿波罗尼奥斯的创举正在于他找到了圆锥曲线的统一描述方式，也就是用不同的平面去横截两个对顶的圆锥，从而得到不同的圆锥曲线，也就是椭圆、抛物线和双曲线（阿波罗尼奥斯是第一个意识到双曲线有两个分支的数学家）。通过这样的方法，他成功地系统讨论了关于圆锥曲线的相关性质，而后将这些成果全部总结进《圆锥曲线论》一书中。

阿波罗尼奥斯充分继承了欧几里得的数学精神，这体现在《圆锥曲线论》一书的写作方法上。《圆锥曲线论》和《几何原本》一样，也是通过尽可能少的定义和公理，进而推导出整个理论体系。但也必须指出，阿波罗尼奥斯在写作此书时，借鉴和使用了一些前人的成果，例如《几何原本》和阿基米德著作中的成果。他在引用这些成果时，常常不进行证明，而且也不说明出自哪里，这样的做法受到了不少后世学者的非议。但纵观全书，我们可以发现，《圆锥曲线论》是一本具有高度原创性质的著作，它所代表的数学思想几乎已经超越了所有的前辈。

在阿波罗尼奥斯之后，古希腊数学迅速走向衰落，没有再出现伟大的几何学家，也就无人可以充分理解《圆锥曲线论》的光辉数学思想。不久之后，罗马军队攻陷埃及，焚毁了当时规模最大、藏书最丰富的亚历山大图书馆，然后以严酷的宗教思想禁锢人们的科学思维，这使得《圆锥曲线论》并没有得到充分的传播和研究。

对于推动几何学的发展而言，《圆锥曲线论》可谓功不可没，它的作用绝不亚于《几何原本》。欧洲大陆在经历漫长的中世纪黑暗之后，又兴起了研读古希腊经典文献的热潮，但当人们拿起《圆锥曲线论》之后，却陷入尴尬境地，阿波罗尼奥斯已经穷尽了研究圆锥曲线的几何方法，以至于后来者几乎无法再做更进一步的研究。

四、古代的哥白尼——阿里斯塔克

历史上第一个提出日心说的人是谁？提出地球每天自转一周，每年绕太阳公转一周的看法的是谁？他就是阿里斯塔克（Aristarchus）。阿里斯塔克出生于公元前 315 年的爱琴海萨摩斯岛，是古希腊第一位天文学家，被恩格斯称为“古代的哥白尼”。他的见解大大超出他的时代，而他大胆的想象力以观察为基础，而不是出于某种思辨和偏见。

阿里斯塔克是第一个在观察事实的基础上考察了宇宙的几何学尺度的科学家。在他流传下来的《论太阳和月球的大小与距离》一书中，非常巧妙地把一些几何学原理运用到这个问题上来。在这本书里，他应用几何学知识在历史上第一次试图测量太阳、月球和地球之间的距离。他认为地球每天则以自己转一周，每年绕太阳转一周，太阳和恒星都不动，而行星绕恒星为中心沿圆周的轨道运转，这就是古代朴素的日心说，是历史上最早的。

阿里斯塔克的著作告诉我们太阳比月球远得多，也大得多。阿里斯塔克接着比较了地球和月球的大小。他利用了月食现象，这时由于太阳极远，其发出的光线近乎平行，于是地球在月食时投向月球的影子，几乎等于地球的直径。阿里斯塔克比较出月球所呈现的圆的半径是地球半径的一半（正确的数值应该是约 1：4)，其意义在于告诉人们：月球虽比地球小，但不像他们的先辈们所说的那样小得可怜。特别有意义的是，按他的上述测量结果，太阳、地球、月球三者直径之比为 20：2：1，所以太阳直径是地球直径的 10 倍！这是破天荒的结论。阿里斯塔克给人们描绘了一幅新的宇宙图景。的确，这个破天荒的结论导致了一个破天荒的观念——地球绕着太阳运转的伟大观念。

位于塞萨洛尼基亚里士多德大学的阿里斯塔克雕像

阿里斯塔克既然断言太阳直径 10 倍于地球，那么，唯一可能的事实将不是太阳绕地球运转，而是相反。据阿基米德说，阿里斯塔克明确断言“恒星与太阳是不动的，地球沿着一个圆周的周边绕太阳运动，太阳则在轨道的中心”。为了解释恒星在地球运动的时候表面上不动，阿里斯塔克指出，这是恒星的距离同地球的轨道直径比起来极其巨大的缘故。即使哥白

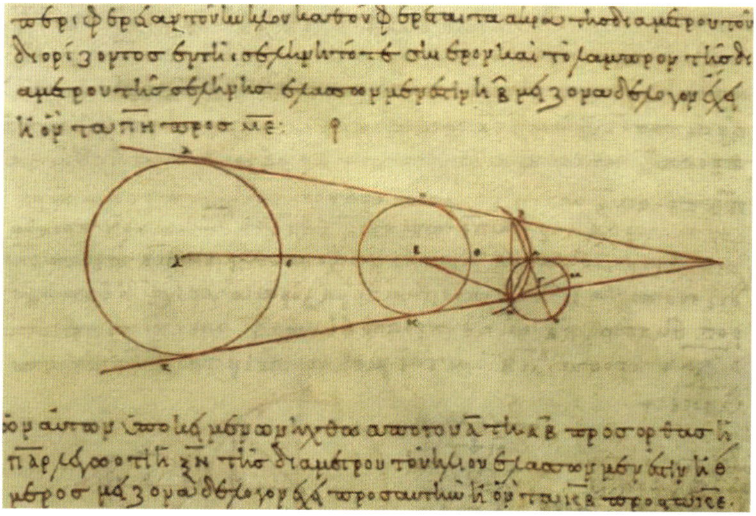

阿里斯塔克的日心说草稿

尼在一份手稿中把阿里斯塔克的名字写在旁注里这样的事实不存在，我们也还是可以说，阿里斯塔克的学说是哥白尼学说的雏形：哥白尼实际上只不过是“复活”了或再次发现了阿里斯塔克的学说。

不幸的是，这种认为太阳是宇宙中心的观点，当时远走在时代的前面，因而得不到一般人的承认，就连阿基米德也表示反对。日心说思想在当时没有为人们所接受，但是对于太阳和月亮的大小以及它们与地球间距离的测量工作，却始终有人进行着。为了进行上述的测量，首先要测量地球的大小。这项工作最早是由昔兰尼人埃拉托色尼（Eratosthenes）进行的。

五、地理学之父——埃拉托色尼

测定地球大小的埃拉托色尼（约公元前 276—前 194 年）生于希腊在利比亚的殖民地昔兰尼，而受教育于亚历山大和雅典。他具有科学的才能，不

埃拉托色尼印章像

仅是一名著名的地理学家（被后人尊为“地理学之父”），还是一名天文学家和数学家。

埃拉托色尼年轻时曾就读于亚里士多德的吕克昂学校，可能还就学过柏拉图学园。约在公元前 244 年，当时的埃及国王聘请他担任其儿子的宫廷教师。公元前 234 年，他又受命担任亚历山大图书馆馆长。由于汇集了古代世界各种学派的科学著作，当时的亚历山大图书馆成为世界最大的科学中心，而馆长无疑是学术界威望最高的人。埃拉托色尼还是一位善于利用图书资料的天才人物，他博览群书，并从中汲取营养，取得了从事科学研究的必需资料。晚年因双目失明而不能阅读书籍，最终绝食自杀。

关于地球的形状，古希腊学者有好几种不同的观点：有人认为是平的，呈圆盘状或长方形；但也有很多人认为是圆球体，因为他们判断，月食时在月亮上出现的圆弧形阴影正是地球的投影，埃拉托色尼首次用严格的数学方法计算了地球的周长。

埃拉托色尼在其名著《对地球大小的修正》中提出了一种设想：利用日晷仪和圭表测知地球子午线上的一段弧长。圭表实际上是一种时间测量器，由挖空的半球体和固定在内弧面中心处的一对相互垂直的木标构成，按照木标在圭表内侧面上阴光的长度可测出一个太阳日的时刻。

埃拉托色尼观测到，在每年的夏至日正午，太阳光直射到赛因（今埃及的阿斯旺）的一口深井的井底；与此同时，在距离赛因正北约5000斯塔德（stade）的亚历山大城，太阳光线与地面垂直线有2π/50弧度（7.2°）的夹角。假设太阳光线是平行的，则根据圆周长的计算公式，地球沿着通过南北两极的子午线周长约等于5000×2π÷（2π/50）=250000斯塔德。按古希腊长度单位，1斯塔德等于157.5米换算，地球周长约3.9万千米，这与现代的测量结果约4.0075万千米相差无几。

埃拉托色尼看到印度洋和大西洋的潮汐相似，而主张两洋相通之说，并且认为欧亚非三洲是一个岛屿，因此可以从西班牙出发绕过非洲南端航行到印度，并推断大西洋被一块自北而南的陆地所隔开。

埃拉托色尼另一个重要的贡献是根据一些新的较为精确的材料绘制了当时已知的人类居住的世界地图。由于当时科学设备不足，不但无法进行经度测定，即使是纬度测定也是极不准确的。在这样的条件下，埃拉托色尼对地中海地区的地图绘制应该说是非常出色的，但在这个地区以外，他的地图就不是很精确了，因为他缺乏相关资料。他仍然相信荷马神话中环绕世界的海洋的存在。在他存留的残篇中，初次出现了“地理学”这个名词，代替以前使用的“地志”“海志”“陆志”等术语。当然，他所运用的“地理学”的意义是很狭窄的，只是指用圆来描绘地球，直到后来拜占庭时期，人们才使用“地理学”这一术语表达“科学描绘地球”的意义。

六、天文学之父——希帕克斯

希腊化时期的天文学已经进入了“观测天文学”阶段，它不同于人类早期充满想象的“神话天文学”，也不同于从泰勒斯到亚里士多德时期建立在现象观察加上猜想和推测基础上的古希腊“经典天文学”，而是将天文学作为数学的研究对象，将天文观测与计算相结合的一种科学意义上的天文研究。代表这一时期观测天文学研究最高成就的，是号称“天文学之父”的希帕克斯（Hipparchus，约公元前161—前126年）。他在罗德岛建立了天文台，并发明了许多天文仪，按照巴比伦的方式把天文仪上的圆周划为360°，被后人称之为“天文学之父”。

希帕克斯雕刻画像

希帕克斯出生于小亚细亚西北部的尼西亚（今土耳其的伊兹尼克）。年轻时，他曾在亚历山大城求学，但是，到希帕克斯时期恰逢托勒密王朝日趋衰落，托勒密王朝的统治者已不再像他们的祖先那样关注和支持科学事业，亚历山大城也不再是适于学者们安心治学之处。所以，希帕克斯完成学业后便离开了这座曾经辉煌过的城市，来到了当时的新文化中心——爱琴海南部的罗德岛。他在这座小岛上建起了观象台，开始了自己热爱的天文学研究。

与阿里斯塔克相比，希帕克斯具有非常不同的特点。如果说阿里斯塔克是大胆的富有远见的理论家，那么希帕克斯则是精密的天文观察家，以及卓越的实用数学家。他对角度的测量精确度为1/150，就他使用的工具来说，这是非常惊人的。

希帕克斯以长期观测和对前人观测资料的分析，求得一年为365天零1/4日再减去1/300日。这个数值是很精确的，误差只有6分钟。他利用古代日月食记录，认识了月亮的朔望月、恒星月、近点月和交点月4种周期，并准确测定出了这些周期的数值。他精确地测得白道（月亮绕地球旋转所成轨道的平面和天球相交所成的大圆）与黄道的交角为5°。他运用三角学方法计算出月地距离，还编制了几个世纪的太阳月亮运动位置表，并用这些精密的数表来推算日食和月食，这是在他之前许多学者想做却没做到的成就。

希帕克斯所测量的黄赤交角比埃拉托色尼更精确。他确定的一年时间的长短，误差小于6分钟。他花了大量的时间绘制了1080颗恒星及其相对位置的星表。公元前134年，希帕克斯在天蝎座发现了一颗新星，这打破了前人关于“天是永恒不变”的哲学信念，也促使他编制了天文学史上第一张记载恒星的星图，这也是当时最先进的星图。图表上共记载着1080颗星，记载着恒星在星座间的分布和它们的亮度。希帕克斯在编制星图时，把星的亮度分为六等，他使西方第一次有了星等的概念。只是希帕克斯的星等概念的意义与现代星等概念不同。古人认为恒星都在一个球面上，所以至地球的距离是相等的。星等的原意是指恒星的大小。

对恒星的观察，使希帕克斯做出了他一生最有名的发现。我们知道，天空中恒星绕着天极旋转。希帕克斯的前辈们已经记录了许多恒星的位置和天极的位置。希帕克斯把自己的星图与前辈们的记录相比较时，发现天极与这些恒星间的相对位置已经变动。这种天极的移动称为“岁差”。希帕克斯测量岁差为每年36秒，而实际数值是50秒左右。

希帕克斯在数学上的开创性成就，是发明了三角学。我们知道，几何学中有两类不同的量度——距离和角度，而三角学的目的则在于使这两类量度联系起来。天文学中常常提出这类联系的必要性，而希帕克斯则发明了一种普遍的方法来解答所有这类问题，这就是当一个三角形的角为已知值时求其三边之比。由于一切三角形均可划分为两个直角三角形，故其基本问题是直角三角形的角与它的边的关系。这个基本问题还可进一步简化，以单位长度为半径作一圆，那么圆心角与其所对的弧的长度之间存在着一一对应的关系。他把这个长度称之为圆心角所对的弧，并且制定了世界上第一个弧表。借助弧表，希帕克斯很容易将平面三角形的角和边联系起来。

古希腊三大数学家和三大天文学家所取得的上述伟大成就，是希腊化时代自然科学的主要成就，这些成就的特点是富有近代科学精神。它们是建立在实验事实基础上的具有严格逻辑论证的科学理论，早期自然科学和自然哲学的那种缺乏事实根据的思辨已经很难找到了。我们可以说，16 世纪和 17 世纪伟大的科学家们，是以这些工作为起点的。阿里斯塔克的太阳中心说自然地成为哥白尼的起点；阿波罗尼奥斯的圆锥曲线理论则为开普勒的行星轨道提供了工具；希帕克斯是与第谷酷似的天文观察家；而阿基米德可以以同等资格与牛顿并肩。没有这些古希腊巨匠的成就，近代科学的面貌是难以想象的。

七、医学之父——希波克拉底

在古希腊医学文献上，通常把阿波罗之子阿斯克勒庇俄斯（Asclepius）称为“伟大的医神”，他的形象是一手持着一支长杖，杖上盘绕着一条蛇。这种特殊的“蛇杖”是古代希腊医学的象征。这种象征源于原始的图腾崇拜，即动物崇拜。许多民族把蛇看成是智慧的化身，蛇的意义在于它每年的蜕皮，向来被认为是恢复和更新的过程。

希波克拉底雕像

古希腊人是最早研究把医学作为治疗疾病的科学方法的古代文明之一。他们有医生研究病人，观察他们的症状，然后想出一些实用的治疗方法。

古希腊最伟大的医学家是有

“医学之父”之称的希波克拉底（Hippocrates，约公元前460—前377年）。希波克拉底从小就跟随父亲学医，数年后，独立行医已不成问题，父亲治病的260多种药方，他已经能运用自如。父母去世后，他一边游历，一边行医。为了丰富医学知识，获取众家之长，希波克拉底拜请了许多当地的名医为师。

希波克拉底不仅医术高明，还写有丰富的理论著作，使医学成为真正的科学。他坚信人的各种疾病皆是生理失调和外界影响所致，他排斥宗教迷信，强调明确病因、按人用药并注意“预后”，以保证病人彻底康复。希波克拉底指出的癫痫病的病因被现代医学认为是正确的，他提出的这个病名，也一直沿用至当代。希波克拉底对骨折病人提出的治疗方法，也是合乎科学道理的。

那时，古希腊医学受到宗教迷信的禁锢。巫师们只会用念咒文、施魔法、进行祈祷的办法为人治病。病人不仅被骗去大量钱财，而且往往因耽误病情而死。

公元前430年，雅典发生了可怕的大瘟疫，许多人突然发烧、呕吐、腹泻、抽筋，身上长满脓疮，皮肤严重溃烂，患病的人接二连三地死去。没过几日，雅典城中便随处可见来不及掩埋的尸首。此时在马其顿王国担任御医的希波克拉底，却冒着生命危险前往雅典救治。他一面调查疫情，一面探寻病因及解救方法。不久，他发现全城只有一种人没有染上瘟疫，那就是每天和火打交道的铁匠。他由此设想，或许火可以防疫，于是在全城各处燃起火堆来扑灭瘟疫。

为了抵制“神赐疾病”的谬说，希波克拉底积极探索人的肌体特征和疾病的成因，提出了著名的“体液学说”。他认为复杂的人体是由血液、黏液、黄胆、黑胆这四种体液组成的，四种体液在人体内的比例不同，形成了人的不同气质：性情急躁、动作迅猛的胆汁质；性情活跃、动作灵敏的多血质；性情沉静、动作迟缓的黏液质；性情脆弱、动作迟钝的抑郁质。

每一个人，生理特点以哪一种液体为主，就对应哪一种气质。先天性格表现，会随着后天的客观环境变化而发生调整，性格也会随之发生变化。人之所以会生病，就是由于体内四种液体不平衡造成的，而液体失调又是外界因素影响的结果。

希波克拉底给后世影响最大的，就是他为医生这一职业确立的道德规范，这就是通称的希波克拉底誓词："我要遵守誓约，矢志不渝。对传授我医术的老师，我要像父母一样敬重。对我的儿子、老师的儿子以及我的门徒，我要悉心传授医学知识。我要竭尽全力，采取我认为有利于病人的医疗措施，不能给病人带来痛苦与危害。我不把毒药给任何人，也决不授意别人使用它。我要清清白白地行医和生活。无论进入谁家，只是为了治病，不为所欲为，不接受贿赂，不勾引异性。对看到或听到不应外传的私生活，我决不泄露。"1948 年，世界医协大会又据此制定了《日内瓦宣言》，作为国际医务人员的道德规范。

八、解剖学的先驱

解剖学在西方医学发展之中的重要性不言而喻，然而，解剖学在古希腊的发展从来都不是一帆风顺。古典时代的希腊人视解剖为禁忌，理由是解剖涉及切开皮肤，他们认为皮肤象征着生命和社群的延续性，另外，古希腊人视遗体为不洁之物，并引申到接触过遗体的人都会成为不洁之人。

古希腊医学、解剖学和生理学真正要产生突破性进展，要等到希腊化时期托勒密王朝统治的埃及。托勒密王朝受到古埃及的文化影响，而埃及人自古以来就有制作木乃伊保存尸体的习俗，因此并不将处理遗体视为禁忌。

在公元前 3 世纪纪初的亚历山大城，出现了一位被后世称为"西方解剖学之父"的古希腊解剖学家——赫罗菲拉斯（Herophilus，约公元前 320—前 280 年）。

阿多尼斯花园中的赫罗菲拉斯和埃拉西斯特拉图斯

赫罗菲拉斯出生于小亚细亚跟君士坦丁堡隔海相对的小城凯尔西顿，但后来移居到亚历山大城并在该处度过了他人生中的大部分时间。

赫罗菲拉斯很可能在亚历山大图书馆附属的博物院工作，他是人类有记载的历史上第一个以科学研究为目的对人的尸体进行系统解剖和研究的科学家，对解剖学和生理学具有创始性的成就。根据数世纪后的罗马人记载，托勒密政府为赫罗菲拉斯提供了 600 具被处决的囚犯尸体进行解剖。

通过解剖，赫罗菲拉斯发现了静脉和动脉的分别，并推翻了希腊传统医学所相信的静脉内含有血液和空气的理论，他发现血管内只有血液在流动。

赫罗菲拉斯也在研究生理学上应用了当时最先进的科技，例如，他就曾经使用当时新发明的水钟计算病人的脉搏快慢，并通过对比不同年龄组人的平均心率，研判出当病人心率偏离平均值时意味着病情严重的理论，是历史上最早将统计学应用在医学上的尝试。他发现脉搏源于心脏，同时发现心脏的真正作用并不是用于思考而是用于泵血。

赫罗菲拉斯著有 9 卷书的医学大全，虽然原文已经遗失，但当中大部分被古罗马医学家盖伦所引用，从中我们知道他研究心率，并详细描述怀孕和分娩过程的不同阶段。

赫罗菲拉斯认为大脑是用来思考的，发现了大脑与小脑的分别、神经和血管的分别，并发现感觉神经和运动神经，以及视神经系传递视觉是载体而动眼神经控制眼球的移动。他从对眼球的解剖中发现了眼球是由角膜、虹膜、视网膜、脉络膜组成。他相信从脑部四散出去的神经是生命气息（或可解作灵魂）的载体。

另一位跟赫罗菲拉斯同时代的解剖学家，是埃拉西斯特拉图斯（Erasistratus，约公元前 304—前 250 年）。

埃拉西斯特拉图斯生于希腊爱琴海凯阿岛上一个学术世家，他和赫罗菲拉斯在公元前 3 世纪初共同创立了亚历山大博物院的生理学院，并作为名医享誉世界，曾经成为塞琉古国王塞琉古一世及其继任人安条克一世的御医。通过解剖，埃拉西斯特拉图斯进一步发现心室及心瓣的存在及其作用，并成为第一个提出血液循环理论的生理学家。他指出动脉及静脉系统紧密相连，并提出血液经过静脉回流至心脏，反对当时静脉源于肝脏的主流理论。

埃拉西斯特拉图斯画像

埃拉西斯特拉图斯推翻了神经源于硬脑膜的理论，并提出当食物和饮料被吃进人体内后是经食道到达胃部，而不是经气管到达肺部。埃拉西斯特拉图斯批评当时主流的放血疗法，并发明导管。虽然埃拉西斯特拉图斯认为生命气息是经肺部进入血液内并运行至全身的理论后来遭到推翻，但不影响他在西方医学的开创性地位。

希腊化时期生理学家对人体的运作原理做出重大的原创性贡献，深远影响后了世欧洲、阿拉伯甚至印度医学。

由于古罗马对人体解剖有禁令，所以希腊化时期是古典时期少数能直接对人体进行解剖的时期之一，并带来丰硕的成果。虽然中世纪的欧洲并未禁止解剖，但整个中世纪的欧洲都没有为西方医学带来新的见解，直到文艺复兴时期，希腊化时期的解剖学成就才在欧洲被超越。直到现代，古希腊解剖学和生理学所带来的知识，仍然在中学和大学的生物学及解剖学课堂中被老师们传授。